关系之镜
两性的真爱

THE MIRROR OF RELATIONSHIP:

LOVE, SEX, AND CHASTITY

〔印〕克里希那穆提 —— 著　常霜林 —— 译

九州出版社 JIUZHOUPRESS｜全国百佳图书出版单位

图书在版编目（CIP）数据

关系之镜：两性的真爱 / （印）克里希那穆提著；
常霜林译. -- 北京：九州出版社，2022.12
ISBN 978-7-5108-8829-8

Ⅰ. ①关… Ⅱ. ①克… ②常… Ⅲ. ①人间交往—通
俗读物 Ⅳ. ①C912.11-49

中国版本图书馆CIP数据核字（2020）第250593号

著作权合同登记号：图字01-2022-4475号

关系之镜：两性的真爱

作　　者	［印度］克里希那穆提 著　常霜林 译
责任编辑	李文君
出版发行	九州出版社
地　　址	北京市西城区阜外大街甲 35 号（100037）
发行电话	（010）68992190/3/5/6
网　　址	www.jiuzhoupress.com
印　　刷	三河市国新印刷有限公司
开　　本	880 毫米 ×1230 毫米　32 开
印　　张	6
字　　数	204 千字
版　　次	2022 年 12 月第 1 版
印　　次	2022 年 12 月第 1 次印刷
书　　号	ISBN 978-7-5108-8829-8
定　　价	45.00 元

克里希那穆提教诲世界各地的年轻人，并在美国洛杉矶、英国和印度建立了多所学校。他说："当我们还年轻时，必须具有变革思想，而不应仅是徒劳地反抗……心理变革意味着不接受任何典范或榜样式人物。"

美国《时代周刊》把克里希那穆提与特蕾莎修女并提，称他为"20世纪最伟大的五大圣者之一"。

"我认为克里希那穆提对我们这个时代的意义是，他告诉我们要自己学会思考，而不应被外在的宗教和精神领袖所左右。"

——凡·莫里森，音乐家

"聆听克里希那穆提演讲或阅读他的作品，就如同置身晨曦笼罩的世界里一样，让我尽享清新和朝气。"

——安妮·莫柔·林德伯格，诗人、作家

"纵观我的人生，是克里希那穆提深深影响了我并帮我解开了自缚的枷锁。"

——狄巴克·乔布拉，医学博士

"听克里希那穆提谈话，仿佛聆听佛音一般——如此令人震撼，如此让人不由自主地信服。"

——阿道斯·赫胥黎，作家

出版前言

克里希那穆提 1895 年生于印度，13 岁时被"通神学会"带到英国训导培养。"通神学会"由西方人士发起，以印度教和佛教经典为基础，逐步发展为一个宣扬神灵救世的世界性组织，它相信"世界导师"将再度降临，并认为克里希那穆提就是这个"世界导师"。而克里希那穆提在自己 30 岁时，内心得以觉悟，否定了"通神学会"的种种谬误。1929 年，为了排除"救世主"的形象，他毅然解散专门为他设立的组织——世界明星社，宣布任何一种约束心灵解放的形式化的宗教、哲学和主张都无法带领人进入真理的国度。

克里希那穆提一生在世界各地传播他的智慧，他的思想魅力吸引了世界各地的人们，但是他坚持宣称自己不是宗教权威，拒绝别人给他加上"上师"的称号。他教导人们进行自我觉察，了解自我的局限以及宗教、民族主义狭隘性的制约。他指出打破意识束缚，进入"开放"极为重要，因为"大脑里广大的空间有着无可想象的能量"，而这个广大的空间，正是人的生命创造力的源泉所在。他提出："我只教一件事，那就是观察你自己，深入探索你自己，然后加以超越。你不是去听从我的教诲，你只是在了解自己罢了。"他的思想，为世人指明了东西方一切伟大智慧的精髓——认识自我。

克里希那穆提一生到处演讲，直到 1986 年过世，享年 90 岁。他的言论、日记等被集结成 60 余册著作。这一套丛书就是从他浩瀚的言论中选取并集结出来的，每一本都讨论了和我们日常生活息息相关的话题。此次出版，对书中的个别错误进行了修订。

克里希那穆提基金会从克氏就"关系"这一主题的公开演讲、问答、对话和著作中选编而成此书。编者在每段选文的末尾标明了出处。读者可根据出处阅读更多的原文，进一步了解克氏在这些问题上的思想。

克里希那穆提系列作品得到了台湾著名作家胡因梦女士的倾情推荐，在此谨表谢忱。

九州出版社

目　录

引　言 / 1

第一章　生命是存在于关系中的运动 / 5

第二章　形象的制造机制 / 17

第三章　明悟快感和欲望 / 35

第四章　为什么性会变成一种问题? / 73

第五章　关于纯贞 / 101

第六章　关于婚姻 / 117

第七章　什么是爱? / 139

第八章　关系中的爱 / 147

第九章　关系意味着无"我" / 171

引 言

像两个朋友般谈心……

几天后我们将有一系列的讨论，其实今早我们便能开始。但是假如你我都各自坚持己见，一切只从自己的信条、经验和所掌握的知识出发，那么我们之间就不会有真正的讨论，因为这说明我们都不具备探询的条件。讨论并不是相互分享经验的过程，因为并没有什么是可以分享的，我们讨论的是真理之美，你我都不可能占为己有，分享也便无从谈起。这种美独立于我们之外，仅仅存在于"那里"。

智者间的讨论要有兴趣的投入，还需必要的疑虑，因为有疑虑才会有探询。探询的过程就意味着疑虑、寻找，然后一步步地发现。当你身处探询之中，你不需要跟随任何人的步伐，也不需要任何人改正或确认自己的发现，但这一切需要你极具智慧，极为敏感。

然而，我希望你不要因为我说的这些而停止发问！我们还是那样，像两个朋友般谈心，不固执己见，不试图支配对方，仅仅是在一个友好亲切的氛围中轻松、友善地谈问题，发掘真理。虽然在这种思想状态下我们是可以发现真理没错，但我必须告诉你，我们所得到的这些发现其实都微乎其微。对我们来说重要的是发掘的过程，以及孜孜不倦尝试新发现的精神。一旦你为自己的一点发现沾沾自喜，裹足不前，你的思想便会停止、枯竭。相反，假如有一天你即使是在发现真理的那一刻随之逝去，你的生命之流便也会像潺潺的溪水或丰沛的河川般源源不竭。

萨能，第十次演讲，1965 年 8 月 1 日

《作品集》第十五卷（*Collected Works, Vol. XV*），第 245 页

第一章
生命是存在于关系中的运动

关系是一面镜子，我们从中可以看到真实的自己。生命就是一项蕴含在关系当中的运动。

一切的活动都需要能量，所有的思考都消耗能量。我们总在分裂能量，这其实是在浪费能量。*

现在我们就是在谈心：我们走在一条林荫小路上，鸟儿在林中歌唱；我们坐下来，探讨"存在"这个复杂的问题。我们不就任何问题去说服对方，也不试图规劝彼此，通过讨论凌驾于对方之上或固执坚持自己的观点甚至是偏见；我们要做的是一起去关注我们周围的这个世界还有自身的内心世界。

许多作品谈及了我们所处的这个物质世界，涉及环境、社会、政治、经济等种种问题，但是却很少有人深入发掘我们自身的本质。为什么人类会像现在这个样子：相互残杀，永不安宁，一味追随权威或他人的步伐，追随一些书籍、人物、思想，处理不好和朋友、妻子或丈夫，还有和孩子之间的关系；为什么人类在存在了数千年之后，变得如此粗俗，如此冷酷，极少去关心、照顾、体贴他人，更无"爱"的意识？纵观人类几千年的历史，战争从未停止过。也许现在我们可以尽力阻止核战争的爆

---

* 英文版编者在文中加有部分标题，为全书体例一致，中文版编者在文中补充了部分标题，用 * 号标示。

发，但是我们永远不可能完全消灭战争。放眼望去，很多地方有反对某个具体战争的示威游行，但整个世界都没有过人曾打着"停止所有战争"的旗号，这些游行无非是因为一些人被剥削，被压迫了，而最终压迫者成为被压迫者。这是一种恶性循环，因为人类无法摆脱悲伤、孤独、极度的沮丧、激增的忧虑，又极度缺乏安全感。人与社会，甚至很亲密的人与人之间永远不可能没有分歧、冲突、争吵、压迫等问题。这就是我们生活在的这个世界，你们一定都很清楚。

正如昨天我们所说的，留心观察一下我们的思想活动，因为我们的思想与生命共存。我们所有的行为都以思想为基础，所有的思维活动也都以思想为基础——比如说冥想、礼拜，以及祈祷。思想的不同带来了民族的划分，进而出现了战争，以及宗教间的分歧，像犹太教、阿拉伯世界的宗教、穆斯林、基督徒、印度教徒、佛教徒等等。思想不仅仅从地理上划分了这个世界，而且还从人的心理上划分了世界。人类是分裂的，不仅在心理上和行为上，还有所从事的职业。如果你是一位教授，那就意味着你有自己的一个小圈子并生活在其中；如果你是商人，那你必定是在奋力赚钱；或者你是一个政治家，每天跟政治打交道；而如果你是一名宗教信徒，毫无疑问你仍然实践着某种分裂的人生，你要进行各种各样的宗教活动，比如说普迦[①]、坐禅，或者是膜拜你信奉的神明等等。所以你们生活在不同的人生里，而每种分裂出的人生都有其自身的能量、能力和准则，且每条不同人生道路之间都格格不入，你必须清楚这一点。这种分裂，不论是外在的如地理上的、宗教上的、民族间的，还是内心的你与他人之间的，都是一种能量的浪费。这实际上是一种冲突：

---

① 印度教中向神祇膜拜的仪式。——译者注

我们浪费自己的能量，不停争吵，不断分裂，每个人只追逐自己想要的，每个人都在不停地渴望和追求，寻求自我安全等等。

在关系之镜中你会发现真实的自己。*

一切的活动都需要能量，所有的思考都消耗能量。我们总在分裂能量，这其实是在浪费能量。当一种能量与另一种能量相抵触，一个行为与另一个行为相排斥，比如口中说一套而做的又是一套，这显然是虚伪地接受生活的表现——而这一切也都是能量的浪费。所有的这些活动都不可避免地制约我们的思想、我们的大脑，于是我们被限制为一名印度教徒，一名佛教徒，一个穆斯林或者是基督徒，满脑子都是宗教信条，盲目迷信。毫无疑问，我们被制约了。所有的迹象都表明这一点，我们无论是在宗教、政治，还是地理上都被制约了。

除非我们能摆脱制约，摆脱总是制造各种严重问题的思想从而得到自由，否则上面所说的那些问题永远不会得到解决。我们有必要寻找一种新的方法解决我们人类的这些问题，而既然提到这点我们也将就这个方法进行一些讨论，但是我并不会告诉你究竟人类需要的这种方法有什么新的特质，每个人要自己去寻找出答案。所以，如果可以的话，我们必须一起思考。这需要我们一起去感受、探询、寻找、发问和怀疑所有人们建立起来的事物，还有我们人为制造出的彼此之间的障碍。作为人类，我们生活在这个美丽的地球上，而地球却正在慢慢被我们破坏。这是我们人类共同的地球，不是印度的、英国的或者是美国的地球，我们要智慧、快乐地活着。但很显然这是不可能的，因为我们一直受到制约。这种制约就像是电脑一样：我们被程序化了；我们被编程为印度教徒、穆斯林、基督徒、天主教徒、新教教徒。两千年来基督教徒的世界就是这样被程序化，他们的思想就像电脑一样被这些程序所制约。既然我们的大脑被深深地制约了，现在我们要问的是：我们是否可以从这种制约中摆脱出来？除非我们完全地、彻底地摆脱束缚，否则仅仅是探询或是询问这种并非用思想来解决问题的新方法是没有意义的。

首先，我们若想行得远，必先要始于足下。我们想要走远，却不想迈出第一步，且不知或许第一步也就有可能是最后一步。所以，我们先要问问自己：我们了解彼此吗？我们是在彼此交流吗？或者说我只是在自言自语？如果我是在自言自语，那么我完全可以在自己的房间完成。但如果我们是在交谈，在一起谈心，且平等以对，心平气和，同步进行，那么这种交谈便具有重要的意义。这便是爱，是真正的、深切的友情。对于我来说，这并不是普通意义上的演讲，因为我们是在共同试图去探询和解决人类的问题。这需要大量反复的探询，因为人类的问题非常非常地复杂。我们必须要有耐心，也就是不受时间左右。我们总是很急切，比如我们会说"快点儿告诉我，什么都行"，但是如果你有耐心，也就是说，你并不试着成就什么，得到某种结果，或是达到某个目标，而是就那么一步一步地探询问题。

前面我们说了，我们被程序化了。人类的大脑在机械地运作，我们的思想围绕着物质进行，于是这种思想便被规制成为佛教徒的思想、印度教徒的思想、基督教徒的思想等等。所以说，我们的大脑被规制了。那我们有没有可能摆脱这种规制呢？有人说不可能，因为他们提出，人类的大脑已被规制了几个世纪之久，怎么可能完全摆脱这种规制，回到极度纯净、原始的状态，进而拥有无限的潜力呢？许多人相信这种观点，并且仅仅满足于修饰改善这些规制而不去考虑如何彻底打破它。但其实这种规制是可以被诊视、被观察的，而且我们完全有可能摆脱这种规制。若想知道我们是否有可能摆脱，我们就必须先来探询一下我们之间的关系。

关系是一面镜子，我们从中可以看到真实的自己。生命就是一项蕴含在关系当中的运动。世上没有任何生灵不是和其他事物相联系的，即使是隐士，虽远离喧嚣尘世，但也割断不了自己的过去，割断不了与身边亲近之人的关系。我们不可能逃离"关系"。这种关系如镜子般，我们可以看到自己，更能发现真正的自己——我们的反应，我们的偏执，我们的恐惧、沮丧、忧虑、孤独、遗憾、痛苦，还有悲伤。我们还可以看出来自己是否有爱，发掘世上到底有没有爱这种东西。所以，我们即将研究一下"关系"这个问题，因为它是爱的基础。这是现在我们唯一需要考虑的问题。如果你没有找到正确的"关系"，如果你脱离了你的妻子或丈夫，只生活在自己狭小的世界里，那么最终这种隔离只会带来自我毁灭。

"关系"是人生中最重要的一个主题；如果我们不了解"关系"，我们就不可能建立新的社会。我们将深入探询"关系"究竟是什么，为什么人类即使存在了这么长时间，但从未出现过没有压迫和占有，没有依赖或矛盾的关系？为什么总是有界分——男人、女人、我们、他们？我们将一起探讨这些问题。这种探讨可以是智性的交流，也可以仅仅是辞藻的堆砌，但即使像这样智性的理解也是毫无意义的——因为这只不过是一种想法、一种概念。但是如果你可以将你所有的关系看作一个整体，或许就可以看到关系的深度、美妙及特质。对吗？先生们？我们可以继续吗？我们在问这样一个问题：目前，人与人彼此之间的关系到底是什么？不是理论上的，不是那种浪漫的、不切实际的关系——这些都是不真实的，我们说的是那些实在的、日常的，男人、女人彼此之间的关系究竟是什么？我们真的相互关联吗？我们的关系可以是生理方面的，如性、快感；我们的关系充满了占有、依赖，和对彼此的诸类强求。

从"关系"演变出"依赖"和"形象"，由此使真爱消失。*

依赖是什么？为什么我们对依赖有如此强烈的需要？依赖又意味着什么？为什么人与人之间会产生依赖？当你依赖于某种事物，害怕失去它的恐惧感也随之而来。其中总含有一种不安全的意味。请观察一下自己吧。这种依赖总会伴随着界分感。我依赖于我妻子，我依赖她因为她给予我性快感和拥有伴侣的欢愉，这一点不用我说你也知道。所以，我依赖于她，这也意味着我会嫉妒和害怕，而有嫉妒便会有仇恨。那么依赖还会是爱吗？这是在我们的"关系"中应该注意的一点。

那么，对于我们每个人来说，在数年来所拥有的这些"关系"中，我们都为他人设立了一种"形象"。这种她或他为彼此创造出的形象就是我们平常所说的关系。也许他们已同床共枕，但事实上他或是她拥有的只是对方的形象。在形象的基础上建立起来的关联中（我们平时所谓的关系），怎会存有真实、实在的"关系"？我们每一个人自幼便为自已和他人设立了种种形象。现在我们提出一个非常严肃的问题：一个人可不可以脱离开关系中的这些形象而存活呢？毫无疑问，你脑海当中对我有种形象，是这样吧？很显然你有。为什么呢？实际上你并不认识我，我是坐在讲台上为你们演讲没错，但是你和我并没有任何关系，因为你有的只是我的形象。你为我创造出来一个形象，同时你也为自己创造出种种形象。你心中还有各种各样其他人的形象：政治家的、商人的、上师的……那么人可不可以离开所有这些形象且又活得有意义呢？形象可以是对妻子的一种结论，也可能是一幅画面，一个做爱的场景，也可能是其他更高等形式的关系。为什么人类脑中会有这种形象？请问问自己吧。当你对别人产生一种形象，这种形象实际上给了你一种安全感。

爱不是思想，不是欲望，不是欢愉，也不是形象的运动，只要你对他人产生了形象，爱就势必不会存在。我们再问：完全脱离形象的生活到底有没有可能呢？下面让我们看，你们彼此之间存在一种关系，就像两条永不相交的平行线，除了发生性关系的时候。男人去上班，雄心勃勃，贪婪嫉妒，试图在商界、宗教界，或者是其他领域取得一席之地；而现代女性同样也去上班，两人在家时共同抚养孩子，之后，像要对家庭负什么样的责任，怎样教育孩子，对他们关怀够不够这样那样的问题都接踵而至。你们的孩子究竟是什么样子，他们身上发生了什么事情，这些都不重要，你只想让他们像你一样：按部就班地工作、买房、结婚。我说的对吗？这就是我们的生活，每一天都是这样活着，这确实很可悲。所以，如果你问我为什么人类的生活中处处有形象——所有你们信奉的神明都是形象：基督教的耶稣，穆斯林的安拉，还有你的神，你将会明白这些形象全是被思想创造出来的，而思想本身是不确定的，充满恐惧的，所以思想所创造出的这些东西都毫不可靠。那么，我们有可能从这些关系中的禁锢中脱身吗？也就是说，从"关系"这面镜子中全神贯注、认真仔细、坚持不懈地观察自己：我们有什么样的反应，镜中的我们是否在机械、惯性、传统地活着。在这面镜子中你会发现真实的自己。因此，关系是异乎寻常的重要。

在"关系"之镜中无"我"地静观，在独立于彼此之外的"那里"，才能找到真爱的关系。*

我们必须探询的是：要观察些什么？怎么在"关系"之镜中观察自己、认清自己？观察又意味着什么？这确实是另外一个需要我们找到答案的重要问题。"看"是什么意思？当你"看"一棵树——这种世上最美好，又如此令人愉快的事物之时，你是如何"看"它的？你真正"看"过它吗？或者你真正"看"过一弯新月吗？新月的形状，那么精致、清新，那么年轻——你"看"过它吗？你在看它的时候脑海里可不可以不去想"月亮"这个词呢？你对这些真的感兴趣吗？我将继续下去，正如河流般涓涓不息。而你只是坐在河岸上"看"着这条河，永远不能成为这条河，因为你从未涉足其中，永远站在这种没有开始也无从结束的大美之外。

所以请仔细考虑一下"观察"意味什么。当你观察一棵树、一弯月亮这些身外之物，你总会用到"树""月亮"这些词语。你能否在注视那弯明月、那颗苍树时不去为它们命名，不用词语区分呢？你可不可以仅仅只是"看"，而不去想它们的名字、这些名字的涵义，不去想它叫作"树"还是其他？现在，你能否在看到你的妻子、你的丈夫或孩子时，将"妻子"这种词语抛在脑后，摆脱那种形象？你试过吗？当你观察某种事物，而不联想到任何词语、任何名目、任何你为"她"或"他"创造出的样子，那么在这种"观察"中就不会有以你为出发点的中心视角，然后看看会发生什么吧。词句其实就是思想，思想是记忆的产物，所以记忆、词语、念想、形象这样的东西一直介入你和他人他物之间，对吗？但无论是逻辑思想、词语、词语的内容，还是词语的意义，这些都不是可以"看"到或"观察"到的。于是，在我们上面提到的"观察"中，并没有像是"我"看"你"这样中心视角的差别。所以只有在独立于彼此之外的"那里"才能和别人建立真正的"关系"。这种"关系"自得其美，且在这种"关系"中，我们需极为敏感，不断学习。

印度，马德拉斯，1982 年 12 月 26 日

《无法估量的心灵》（*Mind without Measure*），第 76—81 页

第二章

形象的制造机制

只有摆脱形象制造机制的束缚，达到完全自由的境地，真正的关系才会存在；只有当这种形象被打破，且人们不再去继续制造形象，冲突才会停止，才会彻底消失，到那时才会有安宁：内心的平静，还有外物世界的和平。

形象之间没有真爱。*

你是否曾经观察过你的妻子，你的丈夫、孩子，或是你的邻居、你的上司，还有那些政界人物？如果有的话，你看到了什么呢？其实你看到的只是脑海里关于一个人的形象，那些政治家——比如说首相的形象，你所信奉的神明的形象，你的妻子、孩子的形象。而这种形象是由你与他人的关系、你的恐惧感或是你的希望创造出来的。你和你妻子间的性快感、其他形式的欢愉，以及你那死气沉沉的家庭生活带来的不论是气愤、恭维，还是安慰，都为你妻子或丈夫创造了一种形象。你总是带着这些形象去观察。同样，你妻子或丈夫也有一种关于你的形象。所以近到你和你妻子或丈夫之间的关系，远及你与那些素昧平生的政治家们的关系，其实都是两个形象之间的关系。我说的对吗？这是事实。那么由思想、快感等形而上的事物创造出来的两个形象间怎么会有情感或爱恋呢？

所以两个个体之间的关系，无论远近，其实都是一种形象、符号、记忆间的关系。在这样的关系中，怎会有真爱的存在？你能理解这个问题吗？

新德里，第三次演讲，1966 年 12 月 22 日

《作品集》第十七卷（*Collected Works*，*Vol. XVII*），112—113 页

只有摆脱形象才能彼此建立真正的关系。

　　一直以来，我们有没有和任何一个人产生过关联？又或者我们之间的关系仅仅是彼此为对方创造出的形象间的关系吗？我脑海中对你有一个形象，你对我也有。我对你有一种形象，就像对我的妻子、丈夫，或其他一切事物都有某种形象一样，而你也对我有一种形象。这种关系只是存于两个形象之间，再无其他。而只有摆脱这种形象才能和他人建立真正的"关系"。当我们相互注视，且能够不去想那些形象——记忆中的形象，有关我们之间曾经发生过种种不愉快的形象，或是其他任何形象，那么这个时候我们便真正建立了一种"关系"，然而观察者本身实质上就是一种形象，对吗？假设我的形象能够观察你的形象，而且这被称作是一种关系——但是不要忘了这是两个形象间的，这种关系实际上是不存在的，因为它建立在形象的基础上。有关系便意味着相互接触，而接触则必定是直接的，不可能是形象间的，是需要全神地投入，真正地关注他人，而不是与他人以形象相视——我记忆中那个人的形象，他怎么侮辱过我、取悦过我等诸如此类的形象。只有消除这些形象，两个人之间才会有真正的关系。

　　　　　　　　纽约，第一次演讲，1966 年 9 月 26 日

　　　　《作品集》第十七卷（*Collected Works*，*Vol. XVII*），第 7 页

"注视"时需要纯粹的安静。

如果你想"看"一朵花，那么有关于那朵花的任何思想活动都会影响你对它的观察。你自然而然会想到"玫瑰""紫罗兰"这种字眼，或是禁不住想眼前的花是什么品种，有了这种想法，你便不能真正地观察。"注视"的时候不能有任何词语的介入干扰，不允许有任何思想活动的干预。我们必须摆脱这些词语，静静地注视，否则我们永远不可能真正去观察。如果你看着你的妻子或丈夫时，所有快乐、痛苦的记忆都伴随其中，这就是对观察的干扰。只有不怀有任何形象地去"看"才会有真正的"关系"。你语言表达出的形象和其他人语言表达出的形象之间压根不存在关系。它们完全不存在。

纽约，第五次演讲，1966 年 10 月 5 日

《作品集》第十七卷（*Collected Works*，*Vol. XVII*），第 35—36 页

为什么我们会怀有关于自己的形象？

想要完全弄明白人与人之间的关系——远的也好，近的也罢，我们必须先搞清楚为什么人类的大脑会创造形象。我们脑海中对自己和他人都会有种种形象，为什么每个人都有种独特的形象，可以与他人区分开来？这种形象有必要存在吗？它是否给人一种安全感？难道不恰恰是这些形象将人类界分开来的吗？

我们不得不仔细审视自己与妻子、丈夫，或朋友之间的关系了。要密切仔细地观察，不能试图回避或置之不理。我们必须一起去研究，去发现整个世界人类的脑海中为什么都会有这种可以创造形象、符号和模式的机制。是因为在这些模式、符号、形象中可以得到极大的安全感吗？

通过自我观察，你还可以发现你对自己有一种形象，这种形象可能是自高自大、目中无人；也可能是自卑自贱、谨小慎微；或者是你经验丰富、学识渊博，自然而然对自己形成了一种专业权威的形象。我们为什么会有这些关于自己的形象呢？正是它们把人与人分别开来：如果你将自己的形象设定为瑞士人，或是英国人、法国人，那么这个形象不但会妨碍你洞察人性，还会将你与他人分离。而有分离、有界分的地方就会有冲突——正如遍布当今世界各个角落的冲突：阿拉伯世界与以色列的冲突，穆斯林和印度教徒的冲突，基督教派之间的冲突……无论是民族差异还是经济分歧，其根源都在于人们的形象、观念、思想，还有形象所依附的大脑。为什么呢？因为我们的教育背景不同吗？还是因为我们这种强调个体，而集体社会不受重视的文化？这些都是我们文化的一部分，我们所接受的宗教思想的一部分，我们每天都在接受这样的教育。当一个人为自己设立了一种英国人或者是美国人的形象时，他便从中得到一种安全感。这是很显然的。一旦为自己创造出一个形象，这种形象便基本不会消失了，这时我们会尝试在形象背后，或形象之中找到一种保障、安全感、某种抵抗力。一旦一个人与他人建立起一种关系，这种关系再怎么脆弱、微妙——精神上的也好，肉体上的也罢，一种基于形象的反应也随之而来。如果一个人结了婚，或是和某人产生了亲密关系，那么此人的日常生活中便会产生一个形象。不管他们是才认识了一个星期还是已经认识了十年之久，这种彼此间的形象都会慢慢地，一点一点形成，他们会记住对方的点点滴滴，并将之附在对彼此的形象上，储存在脑海里。所以这种关系——可能是肉体上的，也可能是精神上的——实际上发生在两个形象间：自我形象和他人的形象之间。

我并不是在夸大其词、引人注目，也不是在故弄玄虚，我只是指出这些形象存在的事实。正是因为这些形象的存在，人们彼此才不可能完全了解。假如一个人结了婚或是有了女朋友，他其实永远不可能真正地了解她。他觉得自己了解她，因为他们住在一起，积累着关于对方在日常生活中琐碎的点点滴滴的记忆；同样，她也将自己的一举一动和两人的形象储存在脑海中。这些形象在人们的生活中扮演着极其重要的角色。很显然，我们当中能够摆脱这种形象的人寥寥无几，无论这种形象以何种形式出现。摆脱形象便是真正的自由。这种自由中，没有形象所带来的界分。一个印度教徒，自从在印度出生的那天便受到各种各样的约束：种族观念、帮派思想、宗教信条、教义、规范，还有整个社会结构的规制。这个人活在制约他的复杂形象之中。无论他再怎样满口宣扬兄弟友爱、众生一体，这都仅仅是空谈而已，没有任何实际意义。但是一旦他将自己从那些强加于己的约束和毫无意义的宗教信条中解放出来，那他就打破了形象。同样，再看人们拥有的这些关系：如果一个人结婚了，或是和某人住在一起，他有没有可能根本不去创造形象呢？不去记录发生在这种特殊关系中的一切，无论它是快乐、痛苦、侮辱、恭维，又或是鼓励、沮丧？

你的大脑能不去记录这些东西吗？因为如果大脑一直不停地记录所有内心发生过的一切，我们永远也找不到安静、平静和安宁。如果大脑的这种机制一直不停地运作下去，那么总有一天会消磨殆尽。这是很显然的，也正是存在于我们彼此关系之中的事实——无论是什么样的关系，而且如果我们的大脑像这样一直不停地在记录，它就会慢慢枯萎，这便是真正的老去。

所以，研究探询的过程中，我们提出了这样一个问题：在我们和他人所有的关系当中，不管他人如何反应，细微还是强烈，我们都能够不去记忆吗？现实中，这种记录和记忆一直在进行。我们这里所说的是：是否有可能不在心理层面去记忆，而只去记绝对有必要记忆的事物呢？在某种意义上记忆还是很有必要的。比方说：一个人需要去记忆那些学习数学所必需的知识。如果我是一名工程师，就必须要记住所有关于建筑结构的数学知识；如果我是一个物理学家，那我就有必要去记忆这个领域所有前人已经研究出的成果；学习驾驶也同样需要记忆。但是在我们对待彼此的关系时，真的有必要在心理层面、在内心中留下记忆的痕迹吗？对于过去所发生事情的记忆是爱吗？当我对妻子说"我爱你"，这难道是从我们对于过去一切经历的记忆中而来吗？是从那些被内心记录，存在脑海中的关于各种事件、劳苦、挣扎的记忆而来？这种记忆是真正的爱吗？

所以说，我们到底有没有可能完全摆脱心理层面的这种记忆呢？其实，只有全神地投入，答案才会变成可能：全神投入就意味着忘却记忆。

我不知道为什么我们凡事都想要"解释"，或者说为什么我们的大脑不能敏捷地捕捉到某种真实，并立即洞察其中？为什么我们看不到真正的事物，万物的真理，不能让大脑摆脱心理记忆的束缚，使真理之光拨云见日、照亮一切呢？但是人类多数反应迟缓，他们情愿住在自己陈旧不变的生活模式中，活在自己的思想习惯里。他们反对一切新事物，因为他们认为活在已知的世界里要比活在未知世界好得多。在已知世界里很安全——至少他们感到安全、有保障，所以他们就继续在已知的土地上重复着、工作着、挣扎着。我们能不能抛开记忆的运作机制，去真正地"观察"呢？

瑞士，萨能，1981 年 7 月 19 日

《思想之网》（*The Network of Thought*），第 40—43 页

建立正确的关系意味着要消除形象。

两个形象之间并不存在爱。如果你对我怀有某种形象，对我有某些看法，我怎么会爱你而你又怎么可能爱我呢？如果我曾经伤害过你，强迫过你，如果我曾经雄心勃勃，又足够聪明，于是在某些方面超过了你，你怎么会爱我？如果你对我的地位、工作构成威胁，如果你和我的妻子私奔了，我怎么可能爱你？如果你我属于不同的国家，归属不同派别——比如说你皈依于印度教，或是佛教、天主教，或其他宗教，而我是一个穆斯林，我们之间怎会有爱？因此，除非我们彻底改变"关系"观，否则就不会得到真正的平静安宁。也许你可以皈依佛门，或信奉上师，或归隐田园，但是这些方式都不能帮助你解决问题，因为不论你身处何方，寺庙也好，洞穴或是山林也罢，你都是和他人有关系的。你不可能将自己从你创造的形象中隔离开来，不管是你创造的上帝、真理的形象，还是关于你自己和其他一切事物的形象。

所以，要想建立正确的关系，必须要消除形象的存在。你明白颠覆形象是什么意思吗？颠覆形象就意味着打破自己对自己所产生的形象——比如说你是印度人，而我是巴基斯坦人，或是一个穆斯林、天主教徒、犹太教徒，一个共产主义者等等。你必须打破创造这种形象的机制，否则，你可能刚刚消除了一个形象，这种机制又创造出另一个形象。

所以，一个人不但要意识到形象的存在——也就是意识到你特有的形象，你还要明白创造这些形象的机制是什么。

现在，让我们来看看这种机制到底是什么。你明白我的问题吗？那就是，首先，一个人必须意识到、明白和认清形象存在这个既定事实，不是通过口头说说，也不是用智性推断，而是真正了解到这一点。这其实是非常困难的一件事，因为这种认识需要你付出巨大的努力。你知道那是一个麦克风，你也可以看到它——这是事实没错，你当然还可以用各种不同的名字描述它，但是只有我们真正了解和认清我们所用这些名字背后存在的这个事物本身，我们才能看到它的真相。因此，认识事物的过程中不应存在任何阐释，我们都知道这是一个麦克风就好了。但是要了解一个形象而不加任何阐释，在"无我"的状态中看到一个形象的真相是非常困难的，因为观察者"我"就是这种形象的制造者且这个形象正是观察者的思想体现。这是件非常复杂的事情。你不能仅仅说一句"我要消除这种形象"，然后开始考虑这件事，或是采取一些手段，劝服自己，使自己相信可以轻易消除脑海中的形象——这都是不可能的。消除形象需要极强的理解力、注意力及探索能力，永远不能下任何论断，因为一个探索不息的人是永远不会得出任何结论的。而生命也正如一条壮阔的河流，静静流淌，永不停息。你只有在这条生命之流中自由、欢畅地随波而舞，满载情怀，兴致盎然，你才能体味到这条河流的特质，它的广阔、它的壮美。所以我们必须理解这个问题。

当我们用到"理解"这个词，我们只是指其字面意思，并没有反映在智性上面，难道不是吗？或许你已理解了"形象"的含义，理解它是怎样被知识、经验、传统及各种各样制约力和压力创造出来的，而这些制约和压力则来自家庭生活、日常工作、人际交流。而制造形象的机制又是什么？你理解吗？这种形象必须被建立，被维持，否则便会分崩瓦解。所以你必须自己去发现这种机制是怎样运作的。而当你理解了这种机制的实质与重要性，这种形象便自动消除了——不但是那些你意识到的形象，那些你有意识为自己创造出来的表面化的影像，还包括所有深层次的形象，所有的这些形象都瓦解了。我希望我把这个问题说清楚了。

我们必须深入探究，去发现形象究竟是怎样产生的，以及是否有可能使创造这些形象的机制停止运作。这些只有人与人之间建立一种真正的"关系"时才能实现，这种关系并不存在于两个形象这种无生命的实体之间。这其实很简单。你恭维我、尊重我，于是我对你产生了一种形象，因为我们之间曾有过侮辱或恭维的经历。我还有一系列其他经历——关于痛苦、死亡、怜悯、冲突、饥饿、孤独……这一切都在我脑海中产生一种形象。这样推来我就是那个形象了。然而事实上并不是说我就等同于那个形象，也不是说形象与我是不同的；我指的是那个形象是"我"，不是本真的我，而是那个思考的"我"。正是"我"这个思考者创造了这种形象。所有这些思考者、观察者、经历者通过自己身体上、精神上、思维上的回应，在记忆和思索的基础上创造了形象。因此，这种机制便是思索，由思想而生。而思想是必需的，否则你无法生存。

所以，首先来看一下这个问题。思想创造了思考者，然后思考者便开始创造自己的形象：他是自性化身，是上帝，是灵魂，是一个婆罗门或不是婆罗门，是一个穆斯林、一名印度教徒或是其他等等。他创造出这种形象并生活在其中。因此，思考便是这种机制的第一步。可能你会说："我怎样才能停止思考呢？"答案是你不能。但是你可以仅仅是思考而不去制造形象：你可以观察到自己是一名共产党员或者是一个穆斯林，但是你为什么非要为你自己制造出一种形象呢？你只是为"我"创造出一种穆斯林，或是共产主义者，或是其他什么形象，因为你心中有一个关于自己的形象，是这个形象在对"我"进行判定。但是如果你首先不为自己创造一个形象，那么你就不会在看我、观察我的时候制造出关于我的形象了。这就是为什么我们需要极大的专注，用自己本能的心念和感觉做大量的观察。

所以现在我们开始认识到人们的关系实际上大部分都是基于这种形象制造，而且在造出了这种形象之后，我们就又开始建立或希望去建立两个形象间的关系。而两个形象之间当然并不存在真正的关系。如果我们相互间对彼此存有看法，我们怎会建立任何真正的关系？只有摆脱形象制造机制的束缚，达到完全自由的境地，真正的关系才会存在，我们接下来会深入谈及这一点。只有当这种形象被打破，且人们不再去继续制造形象，冲突才会停止，才会彻底消失。到那时才会有安宁：内心的平静，还有外物世界的和平。只有你的内心保持这份安宁，你的思想才会自由，才会行得很远。

先生们，你们该知道，只有思想中没有矛盾冲突，自由才会存在。大部分人只要活在世上，都会处在矛盾冲突之中。你用一些所谓的理由、责任，或是一些哲学、派别、信条刻意说服自己，为自己设定一个身份。你深陷其中，于是将自己催眠，生活在沉睡的状态之中。我们大多数都生活在矛盾冲突之中，而彻底消除矛盾冲突之时真正的自由才会到来。你不可能在矛盾冲突中得到自由。你也许可以去渴望、去追求自由，但你永远得不到自由。

所以，"关系"就意味着设立形象机制的消除，只有彻底颠覆这种机制的存在，才能建立真正的关系。因此，矛盾冲突也要消除。很显然，矛盾冲突结束的终点便是自由产生的起点——那是真正的自由，不是一种念想，而是真实的状态。在这种自由的状态中，我们的思想将不会曲意逢迎、滋生偏见，也不会抱有幻想、向往神秘，也因此可以走得更远。这种远并不是时间和空间上的远，因为在自由的状态之中无所谓空间和时间。我说的"远"指的是我们可以去"发掘"——其实这些词语本身都毫无意义，当我们处在这种极度自由中时，我们便也身处一种无论是上帝、宗教，还是书籍都无法给予的空灵、喜悦、极乐的状态之中。

这就是为什么只有你和你妻子、你的邻居、你所处的社会以及他人之间建立这种真正的关系，你才会得到平静与自由。到那时，作为人类这一整体，而不是个体，你们就可以对社会进行变革，没有人可以做到这一点，社会主义者不能，共产主义者也做不到。只有建立真正的"关系"，我们才能为人类建立起一个没有任何矛盾冲突的社会。

孟买，第一次演讲，1966 年 2 月 13 日

《作品集》第十六卷（*Collected Works，Vol. XVI*），第 45—47 页

在我没有全神贯注的那一刻，念想便悄然越上，创造出形象。

提问者[①]：在停止制造形象的同时，是否也要消除念想？这两者之间有必然联系吗？终结形象的制造真的是我们发现爱和真理的前提吗？或者说这种结束正是爱和真理的实质？

克里希那穆提[②]：我们一直生活在心灵、念想创造出来的形象之中。这些形象不停地在我们的脑海里进进出出。你脑中有为自己创造的形象。如果你是一个作家，你就会对自己设立一种作家的形象；如果你有妻子或是丈夫的名分在身，则也会为自己创造出相应的形象。我们自幼便被告知必须要做到像某人一样好，要这样，不能那样，于是通过这些对比和建议，我们逐渐积累、完成创造形象的过程。在我们与他人的关系中，不论是私人关系或其他关系，都有形象的存在。而只要有形象的存在，你就会永远依赖于那些曾经被伤害过或挫败过的记忆。这种形象阻碍了人与人之间建立真正的关系。

现在提问者会问：这些会结束吗？或者说难道只要我们存活一天，形象就会如影随形？他又会接着问道：在形象消除之时，我们的思想是

---

① 下文中"提问者"简称"问"。——中文版编者注
② 下文中"克里希那穆提"简称"克"。——中文版编者注

否也终结了？形象和思想相互关联吗？当爱与真实之本质展现时，正是形象制造机制消除之时吗？

你曾经真正消除过形象吗？是自愿地、轻易地消除它，而不带任何强迫，不带任何动机？答案是没有。我们会想："我必须消除我为自己制造的形象，我不要受到伤害。"现在让我们取一个形象然后进入它，在进入之中，你会发现制造形象的整个活动。在那个形象中你开始发现了恐惧、焦虑，发现了孤独感；如果你害怕了，就会说："坚持做某种我可知的事，总比坚持做某种我不知道的事要好得多。"但是如果你完全认真地深入进去，你便会探询是谁或是什么成为这种形象的制造者，这不是指某个特殊形象的制造者，而是总体上的形象制造者。它是念想吗？是人的自然的回应，即为保护自我而做出的身体上或心理上的自然反应吗？我们明白为了保护身体而产生的自然反应：怎样进食穿衣，怎样遮风避雨，怎样闪躲车辆等等。这是一种自然的、健康上的、理智上的反应，其中并无形象的存在。而我们在心理上或内心中创造了这种形象，它是一串串的事件、意外、伤害、恼怒等的结果。

这种心理形象的制造是念想活动所为吗？我们都知道，念想在很大程度上，或者在根本上不会进入到自我生理保护的反应之中。而心理上的这种形象制造就是经常不专注的结果，这种不专注恰恰就是念想的本质特性。念想本身就是不专注的。专注并无中心点，因为它本身就是一种全神贯注，故而它没有从这一处跑到另一处的那样的焦点。全神贯注的状态中不会有念想的运动。只有人的思绪不专注时，念想才会滋生。

念想是这个问题的根本，是记忆的产物；记忆来自经历，永远都是受限的、支离破碎的。记忆、知识都不可能是完全的，因为支离破碎，所以没有全神贯注。

因此，只要全神贯注，就不会制造形象，也不会产生冲突——你认识到这个事实了吧。不管你侮辱我也好，恭维我也罢，如果我处于全神投入的状态之中，那这些侮辱或恭维对我来说就没有任何意义。相反，如果我没有全神贯注，那么念想——其本身就是没有全神贯注的体现——便会悄然越上，创造出形象。

现在，你们又会问：停止形象的制造是真理和爱的实质吗？其实不那么准确。欲望是爱吗？快感又是爱吗？我们的生活大都在追求各种形式的快感，我们把自己对这些快感，如性快感的体验称为爱。爱和冲突能共存？特别是当我们的心灵被各种各样的问题所羁绊的时候——比如信仰、冥想、男女之间的问题。当现实中我们大多数都活在问题之中，还会有爱的存在吗？

当人们的身体和心灵都在承受痛苦时会有爱吗？真理是那些哲学家、理论家，还有被人为宗教教义和教规束缚头脑的人得出的结论和想法吗？一个受到各种约束的心灵真的能了解真理吗？只有思想完全摆脱了这些冗余，真理才会呈现。哲学家或其他理论家从不在自己的生活里探索，他们着眼于某些形而上的世界或者心理的世界，并以之为基础进行评述，发表论断从而扬名天下。了解真理需要的是一个异常清澈的心灵，一个绝对没有任何身体或心理问题困扰的心灵，一个不存在任何冲突的心灵。甚至连那些关于冲突的记忆也要抹去，因为在记忆的负担之下我们无法找到真实，这是不可能做到的。只有从根本上摆脱所有人为因素，心灵才能把握住真理的存在。

这些对我不仅仅是一些口头辞藻，你们明白吗？如果它们不是以事实为根据，我是绝对不会说出口的，那样的话我就是在自欺欺人，是一个彻头彻尾的伪君子。请了解以上都是本着极为诚恳的态度而谈的。

《问与答》(*Questions and Answers*)，第 31—33 页

第三章

明悟快感和欲望

欲望是一种能量,需要去了悟,不能仅仅压制它或屈从于它。任何试图强迫或压抑欲望的努力都会带来冲突,钝化感觉。如果你彻底摧毁欲望,你就破坏了自己的敏感和集中的意念。

重要的是理解快感，而不是试图摆脱它。*

人必须要理解关系，因为这就是生活。我们不可能离开任何形式的关系而生存。你不可能逃离与他人的关系而自我隔离，像很多人造房子一样，在自己四周筑上围墙，因为那种遮蔽、安全、隔离又抵触的生活只会滋生更多的困惑、问题和痛苦。如果你真正观察了，你会发现：生活是一种处于动态且存在于关系之中的运动。这就是我们要探索的全部问题：我们要怎样在这个以关系为存在基础的世界生存？我们要怎样生活才不会让关系变得单调乏味、丑陋不堪且循环往复呢？

我们的心灵一直在追随着快感的步伐，而很显然，生活不仅仅是快感。但是我们渴望快感，因为它其实是我们内心深处默默在追求的唯一的东西。我们尝试着从几乎所有事物中得到快感，而如果你去观察，你会察觉快感不但会孤立、迷惑我们的心灵，而且还会创造出一些不真实、不实际的价值观，由此带来假象、错觉。我们大多数的人都在追寻快感，于是我们的心灵不但自我隔绝了，而且还肯定恒常地处在关系的矛盾当中——不管是和思想观念的关系，还是和人类、和物质的关系，我们的心绪必定一直处在冲突之中。所以我们必须要了解一个问题，那就是：我们生活中所追求的基本都是自身的需求和渴望，是对快感的追寻。

其实这是一个非常难理解的问题，因为我们不禁会问道：我们为什么不应该享受快感呢？当你看到蔼蔼落日、青翠草木、澜阔河流、俊美面庞，你会得到极大的快感和喜悦。难道这有什么不对的吗？在我看来，欣赏这些美景并没有什么不对，问题始于当那张脸庞、那条河流、那片云朵，还有那座山峦等变成了一种回忆，于是你就会不停地渴求更多快感，自此迷惑和悲伤也就趁势而入了。我们都希望这种快感不停地重复，这我们都知道。当我经历了某种欢愉，或是你经历了某些快乐，我们都希望能再来一次。不管是性爱、艺术、智慧，或其他形式给我们带来的快感，我们都希望能再经历一次——我相信这就是起点，快感由此使我们的心灵变得盲目，且创造出一些错误的、非真实的价值观。

对我们来说，重要的是理解快感，而不是试图摆脱它。因为摆脱快感是一种徒劳，没有人可以做得到。但理解快感的实质和构成很重要。因为，如果说生命的意义就是追寻快感，或者如果人们只想要得到快感，那么我们在得到快感的同时，就会步入悲伤、迷惑、假象之中，还会创造出错误的价值观，如此一来我们便会和明晰的存在失之交臂。这是很简单的道理，不论是生理还是心理方面，我们都在追求快感，而且我们希望所有的关系都建立在快感之上。因此，当我们的某些关系中没有快感存在，矛盾、冲突、悲伤、困惑、痛苦便会接踵而至。

巴黎，第三次演讲，1965 年 5 月 23 日
《作品集》第十五卷（*Collected Works*, *Vol. XV*），第 163—164 页

快感是念想对感知的延续和培养。

　　每个人都不惜一切代价去追求快感，那快感的意义是什么？究竟什么是快感？财富、才能、天赋、掌控他人，以及政治、宗教、经济上的权力都能给我们带来快感；我们还可以享受到性快感，以及金钱带来的挥霍无度的快感。总之有各种形式的快感。快感中一开始有享乐，再进一步便是狂热：乐于做某件事情并从中得到一种极度兴奋的感觉。"狂热"已经是一种自我的超脱，于是"享乐"的本体便不存在了。这里所说的本体——也就是我、本我、自性——也都不存在了，剩下的只有外我的感觉。这便是狂热。但是狂热和快感并无丝毫的关系。

　　你乐于某事，当你看到一些非常美好的事物时那种喜悦自然而然会产生。在那一刻，那一秒钟，没有快感，也没有愉悦，只有观察的感受。这种观察是没有自我的观察。当你看到白雪皑皑、峡谷连绵、雄伟壮丽的山峦时，所有的念想便消失了。此时，你眼前的壮美景致使你产生了喜悦。接着，念想紧随其后，将这种美妙经历在记忆中存档。然后，这种记录、这种记忆便在脑海中不断滋长，最后化为快感。对于任何事物来说——一篇诗作、一汪静水，或是一棵孤树，无论是其美感，或是壮阔感，只要有心念涉足，便会有脑中的记录。但是"看"并不是"记录"——这点非常重要。当你在记录某物或是记录它的美好那一刻，记录本身已经把念想变成了一种行为，变成了一种追求美好的欲望，进而化为对快感的追求。当一个人看到了某个俏丽女子，或是俊美男子，这种视觉图画便会立即在脑海中存档，然后这种存档便把思想转化为行动，于是你就会想以她或他为伴，想有进一步的发展。快感是念想对感知的延续和培养。昨晚，或是两个星期之前，你有过一次性体验，你将这种体验记在脑海中，并渴望再次体验，这就是对快感的需求。

有没有可能只去记录那些绝对有必要记录的东西呢？比如说那些必需的知识：怎样开车、怎样说话，技术方面、读写方面的知识等等。但是在人与人的关系中，比如说男女之间的关系，其中发生的每一个细节都被记录了下来。到底发生了什么呢？女人整日唠叨，动不动就发脾气；或是心地善良，温柔贤惠；又或者在男人上班之前迈出家门时以恶言相讥。自此，通过这种记录，彼此之间便建立起了关于"她"或"他"的形象——这就是事实情况。人类之间的关系中——男女之间的、邻里之间的等等——都存在着记录和形象制造的过程。但是我们不妨假设一下，当丈夫说一些不堪入耳的话语时，仔细听，然后平静地结束它，不让它继续发展下去，那么这个时候你就会发现根本不会有形象的出现。如果男女之间没有彼此制造形象，那么他们之间的关系就会完全不同。因为他们之间将不会有彼此思想上的冲突——我们通常把这种冲突也称作关系，其实不然，这些只是毫无关联的想法而已。

快感随着念想的延续中脑海对某个事件的记录而产生。念想是快感的根源所在。如果你没有念想，那么当你看到一种美好的事物，你就会止步于当下的喜悦。但是偏偏念想此时会介入，说道："不行，我必须拥有它。"于是便打开了念想之流的闸门。

快感与喜悦的关系是什么？喜悦是自然而然发生的。你在大街上行走，乘坐公交车，或者是在林中漫步，看到鲜花、山峦、云朵还有蓝天，也许突然间内心就会充满一种极大的喜悦。这时你脑海里便记录了这种感觉，于是念想说："这太美妙了，我必须得到更多。"所以就是这样，念想把喜悦变成了快感。我们要看，就要看到事物本来的面目，不是你所希望它们成为的那样；我们要看得真切，不能有任何的扭曲。

什么是爱？爱是快感，是念想的运动对某个事件的延续吗？念想的运动是爱吗？记忆是爱吗？储存在记忆中一件事，感受已逝的回忆，不断唤醒曾经的感觉，然后说，"我们花前月下的时光多么美好啊，那就是爱"——那些都是对已逝过往的回忆。那就是爱吗？爱是性快感吗？当然，性快感中有亲切温存，似水柔情，但这是爱吗？其实这并不是一个"是"与"不是"的问题。

现在我们就来质询一下人们口口声声称之为"爱"的事情。如果爱是快感，那它必定强调对已逝过往的回忆，也因此突出了自我的重要性——"我"的快感，"我"的兴奋，"我"的回忆。这是爱吗？爱又是欲望吗？那什么是欲望？人们渴望拥有一辆车，一栋房子，渴望得到承诺、权力、地位。人的欲望永无止境：想要变得跟你一样漂亮，跟你一般聪明，充满智慧。欲望会带来明晰吗？

这种所谓的爱建立在欲望的基础上——渴望与他人共眠，渴望占有她，支配她，控制她，"她是我的，不是你的"。爱就存在于这种由占有、支配而产生的快感之中吗？当今世界由男性统治，而女性正在反抗这种统治。

欲望是什么？欲望能带来明晰吗？在欲火熊熊的土地上，能开放出悲悯之花吗？如果欲望不能带来明澈，不能滋养美丽、伟大的悲悯之花，那欲望还有什么意义？它又从何而来？你看到了一个俏丽女子，或是一个俊美男性——这时你还只是看见。于是你脑海里便有了一个概念，接着又看，然后开始接触，之后产生一种感觉，这种感觉后来被念想所控制，在欲望的驱使下造出形象。你看到一个漂亮的花瓶，一尊精美雕像——古埃及或者是希腊的，你看得入神便伸手去触摸它；你看到盘腿而坐的这尊人物雕像内涵深刻，由此，一种感觉便产生了，你会感叹于它的美妙，萌生出欲念："真想把它摆在我的房间，每天都能看到，每天都能摸到。"——这就是占有的成就感，对这种雕像般美好之物的占有。这也就是欲望：观看、接触、感觉，然后念想利用感觉滋养占有某物的欲望，或是摒弃某物的欲望。

现在出现了一个难题：意识到上述这点以后，宗教信徒们会说："我们要谨记禁欲的誓约，不能窥视女性。如果看的话，也得要像看姐妹、母亲一样看她们，因为现在你在侍奉上帝，要投入所有的能量。在侍奉上帝的过程中，你会经历极大的磨难，因此做好思想准备，但不要浪费你的能量。"但是欲望还是在滚滚沸腾，我们现在就试着去了解一下这种一直沸腾着的想要自我满足、自我实现的欲望。

欲望源自这样一个运动过程：观看—接触—感觉—怀有形象的念想。现在我们可以这样说：从观看到接触、感觉的过程无可厚非，这是正常、健康的心理状态，但是要就此打住，不要让念想趁势而入进而将其变为欲望。了解到这一点，你就会明白完全可以不用压制欲望。你看到一栋漂亮的房子，窗门齐整，顶及穹窿，实墙厚壁，浑然一体，又有精心料理的精致花园。你看到它，产生了一种感觉，于是你接触它——你不一定是用手真正地触碰它，你可以用眼睛去"接触"，你嗅到了清新的空气，草木的香味，还有刚刚修剪过的草坪的清香。你能不能止步于此呢？停下来，然后说，"这确实是一座漂亮的房子"，但是不要将它记录在脑海中，也不要有"我想要得到这座房子"的念想，这种念想其实就是欲望的延续。如果你明悟了念想和欲望的本质，你就可以很轻松地做到这一点。

《生命的完整》(*The Wholeness of Life*)，第 167—171 页

了悟欲望就是从头到尾意识到它的活动过程。

欲望是一种能量，需要去了悟，不能仅仅压制它或屈从于它。任何试图强迫或压抑欲望的努力都会带来冲突，钝化感觉。不管欲望的形式有多复杂，我们都必须了解它，明悟它。欲望的这些不同运作方式，你教不会，也学不来。了悟欲望就是从头到尾意识到它的活动过程。如果你彻底摧毁欲望，你就破坏了自己的灵敏和集中的意念，这种集中意念对理解真理起着至关重要的作用。

《生命的注释 III》（*Commentaries on Living，series III*），第 294 页

欲望的根源是什么？

当我们说我们彼此相爱，这种爱包含着欲望，还有各种念想为了得到快感而设计的种种影像。我们必须弄清楚爱是否是欲望，是否是快感，爱当中有没有包含着恐惧；因为只要有恐惧，就必定会有仇恨、嫉妒、焦虑、占有欲和支配欲。关系之中自有美的存在，而整个宇宙是一种在关系当中的运动。宇宙遵循秩序，当一个人本身胸存秩序，那他在和别人建立的关系中也会遵循秩序，建立一个秩序井然的社会也因此变为可能。如果你探询关系的本质，你会发现秩序是其中绝对必要的元素，正是有这种秩序，爱才随之而来。

什么是美？美是今日清晨山巅怡人的雪景，纯洁而晶莹；美是皑皑白雪映衬下孑然傲立的树林；美是人类创造的种种非凡的机器，充满智慧结晶的计算机；美存在于人类的脸庞、绘画、诗歌——似乎你总是可以发现"那里"的美。当你去博物馆，或是去音乐厅听贝多芬、莫扎特，你会感受到一种大美——但这些都是一直存在于"那里"的美。在流水潺潺的山谷间，鸟儿展翅的翱翔中，清晨山雀的歌唱里无处不存在着美。但是美是否仅仅存在于"那里"？或是说只有在"无我"的境界中美才会存在？朗朗清晨，当那些蔚蓝苍穹下熠熠生辉的山峦映入你眼帘的那一刻，那种宏伟庄严会使你忘记关于自己的一切。山峦显现出的壮丽与恢弘、庄严与力量，驱散了你所有的烦恼，哪怕只是一秒钟的时间，你达到了忘我的境界。美存在于无我之境，但只可惜我们是自私的人类，无法摆脱自我的束缚，因为我们关注自己，重视自己，沉浸在自我的烦恼、痛苦、悲伤及孤独之中。正由于极度的孤独，我们渴望被认同，总是依赖于某种观念、信仰，或是某个人，尤其是依赖于某人。而当习于依赖，各种问题便应运而生：心灵有所依赖便会产生恐惧，被缚于他物时也不免堕落。

欲望是我们生命中最急迫最强劲的驱动力——我们这里谈的是欲望本身，而非对某具体事物的欲望。所有的宗教中都说到若要忠于神明，便要克服欲望、毁灭欲望、控制欲望。此外，所有的宗教教义还提到用一种思想创造出的形象来替代欲望，基督教如此，印度教等其他宗教亦然，即用某种形象替代实在，而实在便是欲望，熊熊燃烧的欲望。在他们看来，人们可以通过其他代替物克服这种欲望。或者是将自己臣服于你心目中的主人、救世主，或是上师——这同样也是思想中的活动，是所有宗教的思维模式。我们需了解所有有关欲望的一切思维活动，因为显然欲望不是爱，也算不上悲悯。然而没有爱与悲悯，冥想便无任何意义。爱与悲悯有着思想无法代替的作用。

因此，去理解欲望的本质，探寻它为什么在我们的生活中扮演了如此重要的角色，以及它是怎样扭曲明晰的事实，是怎样削弱爱的力量——这些都是非常重要的。我们要去理解欲望，而不是压抑欲望；也不要试图控制它或刻意引导它，即使你可能觉得这样会使你内心获得平静。

请记住，我并不是要试图将一些观点强加于你的思想，也不是要引导或是帮助你，我们只是在一条微妙、复杂的道路上同行，需要彼此聆听才能探求到欲望的本质。当我们理解了欲望的重要性和普遍性，它的意义和本质，欲望便将会在我们的生活中成为一种非同寻常的价值及动力。

当你观察欲望时，你是真正作为一个旁观者去看，还是在自我产生欲望时就察觉到了欲望？不是独立于己外的欲望，你就是欲望载体。你明白其中的差别吗？我可以旁观欲望，这种欲望可以产生于对商店里某样怡人商品的拥有欲，我想要买这件商品，此时商品独立于"我"而存在；否则"我"就是欲望实体的体现。所以即使观察者没有注意欲望，欲望也拥有它自己的映像。

我们可以来看一棵树。你可以通过"树"这个词认知到挺立在田野中那个具体实物。但我们都知道"树"这个词本身只是一种符号，它并不是树。同样地，某人的妻子也不是"妻子"这个词。但是人们确实造出了"妻子"这个词。我不知道你是否体味到了其中的微妙。我们必须从一开始就很清楚地认识到词语并不是实物本身。"欲望"这个词并不是欲望这种人的心理反应所承载的那种特别感觉。所以我们必须要小心，不能掉进词语本身的陷阱之中。此外，我们的大脑还必须足够灵活，能够认识到客体可能也会创造出欲望——和客体相分离的欲望。你意识到词语并不是实体本身，而且欲望并没有同关注欲望本身的观察者分离吗？你意识到了客体可能会创造出欲望但欲望是独立于客体本身之外的吗？

欲望之花是怎样怒放的？为什么欲望的背后会蕴藏着如此大的能量？如果我们不深入了解欲望的本质，我们彼此将永远处于矛盾冲突当中。可能一个人渴望得到某样东西，他的妻子却想要另一件，而他们孩子的欲望与前两者又不尽相同。因此我们彼此之间总是意见不合。而这种争斗、挣扎就是我们所谓的爱，所谓的关系。

我们问道：欲望的根源何在？我们对待这个问题必须实事求是，诚实谨慎，因为欲望这种东西极具欺骗性，令人难以捉摸，只有了解了它的根源，才能真正认清欲望为何物。对于我们所有人来说，感官反应非常重要——视觉、触觉、味觉、嗅觉，还有听觉。而对于我们当中的一些人来说，也许某一种感官反应要比其他反应更为重要。如果我们是艺术家，我们会以一种独特的眼光看这个世界；如果我们被培养成为一名工程师，那么我们的感官反应也和他人不同。所以我们从来没有用所有的感官反应全然地观察过。对待某种事物，我们每个人都会有不同程度特别的、相异的反应。我们有没有可能启用我们所有的感觉神经全然地进行反应呢？一定要认识到这一点的重要性：如果一个人用其所有感觉完全反应，就不会存在中心观察视角的不同。一旦人们用各自独特的感受去观察某样东西并有所反应，分隔便产生了。当你走出营帐，看到涓涓川流，粼粼波光，试着去用全然的感受观察它。不要问我怎么用这种方式观察，因为那样的话一切都会变得机械死板。要自己教会自己全然感受的方法。

当你看到了某些东西，这种"看"便会使你产生某种反应。你看到一件绿色衬衫，或者是一条绿色的裙子时，你的反应机制便会被唤醒。然后就会发生"接触"。紧接着，你的念想又会通过这种接触创造出你穿上这件衬衫或者这件裙子的形象，欲望便由此而生。或者是你在路上看到了一辆汽车，线条流畅优美，车面光滑锃亮，引擎动力十足。于是你绕车一周，看了看汽车的发动机。这时念想便会创造出你坐进车中，启动引擎，踩动油门，开动汽车的情景形象。所以欲望由此开始，因此欲望也就是源自创造出形象的念想，在此之前并无欲望的存在。感官的反应本无可厚非，但是当念想创造出形象的那一刻，欲望便开始了。那么，创造出形象的念想有没有可能不出现呢？这是对欲望的学习，其本身是一种训导。学习欲望是训导，不是控制。如果你真的学习了，那么一切都会解决；但如果你说你必须控制欲望，那你便脱离轨道，步入歧途了。当你看清了欲望的整个运动过程，你就会发现念想以及其创造的形象就不会介入打扰了，到时你只是在注视，在感受。这有什么不对的呢？

瑞士，萨能，1981 年 7 月 19 日

《思想之网》(*The Network of Thought*)，第 44—48 页

并不是说你不能有欲望，只是要你观察时不要加入心念对事物的描述。

现在，让我们首先来看看一直控制自身，压制、升华欲望的心念——这样满载负荷，变得麻木迟钝。即使它再怎么谈论着敏锐、美德，或是我们必须注重兄弟友爱，创造出一个美好的世界，还有人们其他一些无稽之谈，这都是在压抑欲望，这种心灵也因不了解所压抑的欲望而变得麻木迟钝。不管你是压抑欲望还是屈服于欲望，其实质是相同的，因为欲望仍存其中。你也许压制了对一个女人、一辆汽车，或是某个职位的渴望，然而虽然不去占有这些事物的想法压制了上述欲望，但其本身其实就是欲望的另一种表现。因此，被困于欲望中时，你必须要了解它，而不是对欲望进行对与错的评判。

那么，什么是欲望？当我看到枝叶在风中摇曳，觉得赏心悦目，这有什么问题吗？鸟儿从头顶飞过，在空中划出一条美丽的弧线，注视着它，有什么问题？观赏一辆车型优美，光鲜锃亮的崭新汽车有问题吗？凝望一个美好之人，欣赏他俊秀匀称、聪颖智慧的脸庞又有什么问题呢？

但是欲望并没有止步于此。你脑中的概念并不只是概念，因为还掺杂着感觉。正是有了感觉，你渴望去触碰、接触、占有。你告诉自己，"这个很漂亮，我想要拥有它"，欲望便因此开始躁动不安了。

好了，那么有没有可能去看，去观察，进而对我们生活中的一切事物产生意识，不论美丑，都不会在潜意识告诉自己"我必须拥有"，或者是"我绝不能拥有"呢？你曾经试过仅仅是观察某物吗？先生们，你们明白我所说的吗？你是否曾经观察过你的妻子、你的孩子、你的朋友，且仅仅只是"看"着他们呢？你是否曾经看到一朵鲜花而不去想它叫玫瑰，不去想将它摘下来戴在胸前，或是带回家送给某人呢？如果你能够做到如此观察事物，抛开一切心念所创造的价值观，那么你会发现欲望并不是什么大不了的事情。这时你可以去看一辆汽车，欣赏它的美，而不被附于欲望的混乱及矛盾所困了。但是这需要注意力高度集中地观察，并不是随意的一瞥可以实现的。并不是说你不能有欲望，只是要你在观察的时候不要加入任何心念对事物的描述。我们可以只看着月亮而不在内心马上提醒自己，"那是月亮，多漂亮啊"，这样接下来就不会有心念间进一步的对话。如果你能做到这一点，那么你就会发现在全神投入的观察、感觉和真挚的感情中，爱就会不受任何欲望矛盾的困扰，自然而然地流淌其中。

　　如果你曾尝试过，你会发现仅仅去观察而不让心念介入观察过程有多么困难。而毫无疑问，爱的本质就是如此，不是吗？如果没有宁静的心绪，如果你总是不停地想着自己，你如何去爱？全心全意地爱一个人需要极大的强度，而当爱强烈到一定程度，欲望随之也会产生。但是对于大多数人来说，不管有没有意识到，我们从未对任何事如此地投入过，除了涉及我们自身利益之时；我们从未单纯地对某些事情付出过感情，我们总是抱有想从中得到什么的目的。但是只有聚足能量的心灵才能捕捉到真理迅捷的脚步。真理不是一成不变的，它的变化比人的思维还要敏捷，人类的心灵不可能掌控它。要了解真理，必须毫无保留、原封不动地付出能量。这种能量不是通过自我否定、自我抑制产生的。相反，它需要一种全然的"放弃"，如果你仅仅想得到某种结果，那你就不可能摆脱自己，放弃自己的所有。

其实，在这个充满嫉妒、关系网，到处是对权力、地位追求的世界，我们还是有可能毫无嫉妒地生活于此，但是这需要用极其集中的能量和明澈的心境去理解万物。如果你不了解自己，你不会摆脱妒忌的困扰，所以我们的起点就是在"这里"，不是别处的任何地方。除非你从自己开始，按照自己的意志力行事，否则你永远无法结束悲伤。

孟买，第二次演讲，1957 年 2 月 16 日

《作品集》第十卷（ *Collected Works, Vol. X* ），第 245 页

斥责和对比并不是了解欲望的途径。

现在我们知道，了解欲望是必要的。你要去了解欲望，而不是摆脱欲望。如果你扼杀了欲望，那自身也会变得麻木不仁。如果你有全知的感觉，当你看到眼前蔼蔼薄暮，你会觉得心旷神怡。这种心旷神怡的愉悦也是一种欲望。如果你看不到落日的美丽，体会不到观赏的欢愉，那说明你不够敏感。如果你对一个宝马香车中的富贵人士视而不见，不能以之为乐——这种愉悦不是因为你想要得到那种享受，而是说你仅仅因为看到这个贵人本身而愉悦；或者一个贫困潦倒之人在你面前，泥泞满身，粗俗不堪，满眼绝望，你眼中没有他的身影，没有心生怜悯、感情，或是爱，那么你就是不够敏感。如果你不具备这种敏感和情愫，你怎能发掘"真实"？

所以你必须理解欲望。要理解欲望的驱动作用，你必须拥有空间，而且不能想着在这个空间内填满自己的念想和记忆，以及千方百计实现或毁灭欲望的计策。这时爱便由这种理解而产生了。我们大多数人没有爱，因为我们不知道爱的含义是什么。我们知道快感，知道痛苦；我们会时不时体会到快感，也许还品尝过持续永久的痛苦；我们了解性快感以及当我们功成名就时的快乐，还有当我们像禁欲者那般极力控制我们的身体，记录下来所谓的成果时得到的那种快感——这些我们都知道。爱是我们谈论的永恒的主题，但是我们却不知道它的真正含义，因为欲望是爱的起点，我们还不了解欲望。

没有爱就没有道德可言——道德是指现世中人们要遵循的一定的规范：社会规范或者是所谓的宗教规则。没有爱就不会有美德。爱是一种自发的、真实的、鲜活的情愫。美德不是你通过不懈练习就能得到的，如同爱一般，美德也是本能自发的；美德并不是你记忆中关于如何做一个品德高尚之人的准则记录。如果你没有爱，你就不会有崇高的品行。也许你可以皈依佛门，你也可能过着最体面的家庭生活，也可能遵守各种社会公德，但是即使这样你也有可能是不道德的，因为你的内心贫瘠、空虚、乏味，甚至是愚蠢，因为你没有真正理解欲望。因此，生活变成了永无休止的战场，所有的努力往往都无果而终。所有的努力总是以死亡结束，因为你们只知道这些。

因此，一个想要弄清欲望含义的人必须去了解、去倾听脑海与内心的每一次搏动，了解和倾听己身的每一种情绪、念想和感觉的每一次变化，还要去观察；他必须变得对欲望敏锐、敏感。但是如果你对欲望进行斥责或是比较，你就不可能对它敏感。敏感也由这种对欲望的理解而产生，到时你会不仅仅是对有形之美敏感，还会发现自己已经可以听到心灵的低声呓语，感受到潜意识的希望和恐惧。

通过这种聆听、观察，热情便诞生了，一种类似于爱的热情。而且只有在这种情况下，欲望、爱、热情之间才会相互配合。并且只有在这种情况下它们彼此才会知道什么时候合作，什么时候不合作。因此，通过这种深切的理解、观察，人的心灵才会变得迅捷、明澈、能量十足；只有拥有这样的心灵，人才会在探索生命的旅途中行得久远。

马德拉斯，第四次演讲，1964 年 1 月 22 日

《作品集》第十四卷（*Collected Works*，*Vol. XIV*），第 99—100 页

欲望本身没有错，应该去观察和审视欲望的整个活动，这样它就不会成为混乱的根源。*

问：一个人看起来认识到了欲望有多愚蠢，而且看似摆脱了欲望，但是接着欲望还会再次出现。

克：我从未说过一颗自由的心灵是没有欲望的。毕竟，欲望本身有什么错？问题出在当欲望制造了冲突，当我不停渴望那辆我不能拥有的绚丽汽车时。如果我们只是看看那辆车——它优美的线条，鲜亮的色泽，飞驰的速度，这又有什么不对的呢？去看它、观赏它的欲望有错吗？只有当我想拥有那样东西时，欲望才会变得急切、强迫。我们看到，像奴隶般臣服于某物——比如香烟、酒精，或是一种特别的思维方式，其实背后都隐藏着欲望，而且努力从一种模式中摆脱的行为同样意味着欲望，所以我们才会信誓旦旦声称必须踏上一片没有欲望的净土。看到我们把自己的生活变得多么琐碎狭隘了吧！因此我们的生活变得平庸，充满未知的恐惧和幽暗的角落。但如果我们能够理解所说的这一切，真切地看待欲望，那么我想欲望就会有另一番意义了。

萨能，第四次演讲，1961 年 8 月 1 日

《作品集》第十二卷（*Collected Works, Vol. XII*），第 201 页

对痛苦的抵触和对快感的追求——两者都是欲望的延续。

我们并不是要你像那些宗教典籍或是你的上师所说的那样不能有欲望，或是要你压制欲望。相反，我们将一起去探询欲望这个问题。如果你压制欲望，你就等于毁灭自己、麻痹自己，你就会变得迟钝、乏味、愚蠢，就如所有宗教教徒那般。对于他们来说，根本不存在美和敏感，因为他们一直压制自己。你只有开始去了解欲望的精微、欲望的本质，你才不会压制欲望，也不会压制其他任何事情——这点我们下面会讨论到。

欲望是什么？欲望源自你看到了一个漂亮女人、一辆漂亮汽车、一位衣着考究的绅士，或是一栋干净舒适的房子。脑海中有了这些概念，接着便是接触、感觉，最后到欲望。我看到你穿了一件不错的大衣，通过"看"，我形成了一种概念；大衣的裁剪做工吸引了我，使我产生一种感觉，然后想要得到那件大衣的欲望就产生了。这很简单。

那么，是什么使欲望得以延续呢？你明白吗？要了解欲望是怎样出现的很容易。但是是什么使欲望得到延续的呢？很显然，就是这种欲望的延续力越来越强大，最后变为意志。是这样吧？所以我必须找出是什么给予欲望这种延续力。如果我可以找到，我就会知道该怎样处理欲望，我就不会去压制欲望。那么，是什么使欲望得以延续呢？我看到漂亮迷人的东西，欲望由此被唤醒。现在我必须找出是什么给欲望以生命力，使它的力量能够延续。欲望能使我产生快感，我一直想着这种快感，于是欲望便得以延续。你想着性，这种想法使欲望延续；或者说你想着昨天的痛苦、不幸，这也会使欲望延续。所以欲望的产生是自然而然、不可避免的。你肯定会有欲望，也肯定要有所反应，否则你无异于行尸走肉。而最重要的是要认识它，找到什么时候要它延续，什么时候不要。

所以，我们必须了解念想的结构，因为是念想影响、控制、塑造了欲望，并且给欲望以延续的动力。对吗？这是很清晰明了的。念想通过记忆等方式来运作——关于这一点我们现在先不深究。我们只是在此指出欲望是怎样由念想不停运作而产生且被赋予延续力，最后变成一种意志的。于是我们按照我们的意志来行动。这种意志是以快感和痛苦为基础的。如果我感到快乐，我便想要更多；如果是痛苦，我就心生抵触。

因此，对痛苦的抵触和对欲望的追求都会使欲望得到延续。当我明白了这一点，就永远不会有压制欲望的问题，因为压制欲望会不可避免地带来更多其他冲突——就像压制欲望过程本身中的冲突一样。你不可能压制一场疾病，你只能深入其中寻根治病，将病毒驱除出身体。但是如果刻意压制它，它反而会积攒能量，逐渐强大，之后对你发起反攻。同样，当你明白了欲望的所有本性还有其延续力的根源，那么无论在任何情况下，你都不会去压制欲望。但这并不意味着要你纵容欲望。因为沉溺于欲望本身会带来痛苦和快感，你就会又回到那种恶性循环当中了。

孟买，第二次演讲，1965 年 2 月 14 日

《作品集》第十五卷（*Collected Works, Vol. XV*），第 59—60 页

欲望之火如何产生？

我们看到了欲望是如何产生的，这个很简单。接着我们必须找出是什么使欲望得以延续。这是一个非常重要的问题，比欲望如何产生的问题更重要。

我们都知道欲望从何而生：我看到漂亮的东西，我想要得到它；我看到丑陋的东西，我觉得痛苦，联想到种种不愉快的事情，于是我摒弃它。我们都开始意识到欲望是怎样产生的，但是我们从未深入其中——至少我们大多数都从未深入到一个问题，那就是：是什么使欲望得以延续，是什么在这种延续的过程中带来了矛盾冲突？如果没有矛盾冲突——正与邪之间的较量，痛苦与快乐之间的斗争，成功与沮丧之间的抵触，如果没有这些欲望之中或欲望延续过程中的矛盾，如果我们可以了解欲望的运作过程，那么欲望将会有一个完全不同的含义。到那时，欲望将会变成一团火焰，你会有迫切的愿望，但心存美好，有强烈的感知，而且仅限于此，你不会害怕它、否定它、熄灭它，或是摧毁它。

马德拉斯，第三次演讲，1964 年 12 月 23 日

《作品集》第十五卷（*Collected Works,Vol. XV*），第 18 页

一个总是压制自己的感觉，使自己变得麻木迟钝的人是不会知道爱为何物的。*

问：所有宗教都告诫我们要控制感觉。感觉是发现真理的障碍吗？

克：让我们来找出这个问题的真实原委，不要管那些老师或典籍是怎么说的，也不要受你们的上师植入你们脑中观念的影响。

我们知道感觉本身有超凡的敏感性——触觉、听觉、视觉、味觉，还有嗅觉。要全神贯注地观赏一朵花，感受它的鲜亮颜色、它的芳香美丽，你必须得拥有感觉。而问题出现在，当你看到了一个俊美男子、一个漂亮女人，或者是一辆豪华汽车的时候，这时欲望出现了。下面我们来慢慢分析：

你看到了一辆漂亮汽车，于是有了对它的概念、认知，接着是感觉、接触，最后产生欲望——这是欲望形成的过程。

这时欲望会说："如果能拥有那辆车该有多好，我必须得到它。"所以你就会为了买那辆车耗费毕生精力努力赚钱。但是宗教又说了："这样很不好，世俗活动都是恶行。感觉会引你入歧途，所以你必须征服感觉，控制感觉。不要去看那些俊俏男女；要克制自己，抑制欲望。"因此，你开始压制自己的感觉，渐渐变得迟钝。或者说你看到了周围的丑陋、肮脏、悲惨、不幸，你会将其关在心门之外然后对自己说："这是恶念，我必须去追求上帝和真理。"一方面你在压制感觉，磨钝感觉；而另一方面你却千方百计想对上帝变得敏感——综合起来其实你只会变得越来越不敏感。你们明白吗，先生们？不管你以任何一种形式压制欲望，即使你是在追寻上帝，你的心灵也显然会越来越迟钝。

因此，我们面临的问题是要去理解欲望，不被它所奴役，也就是要使自己的身体、思想、心灵最大限度地敏感起来，感知周围的美丑、蓝天、鲜花、飞鸟，或是水中落日的倒影，周围的面庞，还要敏感于虚伪和自己编制的错觉。我们要对所有的事物敏感，不能单单培养对真理和美的敏感性而否定其他。对其余事物的否定会使你走向敏感的反面。

如果你考虑过这个问题，你就会认识到压制感觉，使之对动荡、矛盾、冲突、悲伤的东西不敏感——就像斯瓦米①、瑜伽士，和其他所有宗教提倡的那样，这实际上是对整个深刻、美好、壮丽的"存在"进行否定。要了解真理，你必须最大限度地发挥敏感性。你明白吗，先生们？现实要求你"整体"地存在，你必须以一个"完整"人的姿态将身体、思想、心灵全部投入其中，而不是通过自律用麻痹了的、不敏感的内心去面对现实万物。做到了这一点，你就会发现你不必再害怕感觉，感觉也不会将你带入迷途，因为你会知道该怎么处理感觉。你会了解感觉，爱上感觉，认识到它们的重要性，你也不会再压抑控制自己，这样折磨自己。先生们，难道你们不明白吗？

爱不应该被贴上种种标签：什么神圣之爱，姻缘之爱，兄弟之爱。爱就是爱，不带有任何人为赋予其中的含义。当你用整个身心去爱一朵花，而不是仅仅说"多漂亮啊"就转身离去；或者是你完完全全去爱一

---

① 印度教精神导师。——译者注

个人，用你的所有的念想、内心、身体去爱，你就会发现其中不会有欲望，也不会有冲突、矛盾的存在。是欲望制造了矛盾、痛苦、理想，还有理想与现实间的冲突。一个总是压制自己的感觉，使自己变得麻木迟钝的人是不会知道爱为何物的。因此，纵使他继续冥想成千上万年也不会找到上帝。只有你的全部身心对所有事物都极其敏感——敏感于你感觉的深度，思想的复杂活动，而不是仅仅追求对你所谓上帝的敏感，那么欲望就不会变成矛盾冲突。那将是完全不同于欲望的运行方式。爱是其不朽的体现，也不受任何规制。

孟买，第一次演讲，1957年2月6日

《作品集》第十卷（*Collected Works*，*Vol. X*），第235—236页

不去理会欲望，任其高飞或枯萎……这就是思想摆脱冲突的关键。

到目前为止，我们已经针对欲望采取了一些措施：给以合适的渠道、正确的看法、明确的目的还有适当的出路。如果我们一直以来被束缚、被训导、被教育，心心念念想着要达到某个目的的思想不再试图将欲望分离出去，且不再涉足对欲望的干扰——如果我们可以用干扰这个词的话，那么欲望又能有什么问题呢？那时，欲望还是我们所熟知的那个欲望吗？先生们，请跟着我的思路走。

你们知道，我们已经了解到欲望是一种满足感、成就感，是要得到，要富裕，不论是有形的还是无形的；欲望是一种逃避，是想要"更多"。如果你认识到这一点，又能将它完全放下置之不理，那么这种所谓"欲望"的感觉将会有完全不同的含义，不是吗？到时，当你再看到一辆漂亮汽车、一栋可爱的房子，或是一件俏丽的裙子，你就不会有渴望、辨识的反应了。

问：欲望中的矛盾非常棘手，所以恐怕不可能处理得好。

克：为什么欲望当中会有矛盾呢，先生？请务必跟随我的思路。我想要变得富有，想要得到权力、地位，但是我认识到了这些都是毫无意义的，因为我看到那些拥有诸多头衔的所谓的大人物其实根本算不上什么。好，现在矛盾出现了。为什么呢？为什么总是有来自不同方向的引力，它们为什么不能统一在同一个方向呢？你明白我说的意思吗？如果我想要当一名政治家，为什么不坚持去做呢？为什么要退缩？让我们用几分钟的时间好好讨论一下这个问题吧。

问：我们害怕如果将自己全然投入到某种欲望当中后所带来的后果。

克：你有没有过将自己完全地、整体地投入到某件事当中的经历呢？

问：一两次吧，每次有几分钟的时间。

克：完完全全投入其中吗？也许是性体验，但是除此以外，你知道自己还有什么时候全然投入到某件事情当中吗？我对此怀疑。

问：可能在我听音乐的时候。

克：看吧，先生：一个玩具可以吸引你孩子的注意力，你给孩子一个玩具，他非常高兴；然后他不吵不闹，安静地玩着玩具，于是他在那里，全然完整地在那里玩玩具。这是否就是把自己投入到某种事情之中了呢？那些政治家、宗教信徒将自己委身于一些外物，为什么呢？因为这意味着权力、地位、名誉。想功成名就的念头就像玩具吸引孩子般吸引着他们。当你要借助他物定位自己，意味着你将自己委身于他物了吗？有些人将自己归附于他们的国家，他们的女王、国王等等，其实这也是另一种形式的吸引。这是不是就等于将自己委身于某物呢？

问：是不是其实只要一直存在分裂，我们就有可能将自己归附于某物？

克：说得很对，先生，确实是这样。所以你看，我们不能将自己附于他物。

问：那有没有可能将自己附于他人呢？

克：我们曾经尝试过，尝试着从丈夫、妻子、孩子身上或我们的名字当中找到自己的存在——但是你比我更清楚接下来会发生什么，所以为什么还要谈论这个问题呢？你看，我们已经偏离了我们正在继续的话题了。

问：如果一种欲望没有毁坏任何其他事物，那它便是一个正确的、向善的欲望。

克：欲望有对错之分吗？你看，你又回到原点了。毫无疑问我们已经谈过所有相关的问题了。你看到我们是如何解读欲望的吗？我们有说过好的与坏的、值得的与不值得的、高尚的或卑鄙的、有害的或是有益的欲望吗？仔细想想吧。你已经将欲望分成类别，不是吗？正是这种分别导致了冲突。既然你已经谈及分别带来冲突的问题，那么接着一个更进一步的问题也浮出水面：怎样摆脱冲突？

先生们，你们看，今晚我们就一个人是否真的能够了解到欲望的意义这个问题已经讨论了五十分钟了。当一个人真的看到了欲望的意义，包括好的和坏的，当他看到了冲突和分裂的存在意味着什么——不是仅仅理解它字面的意思，而是抽丝剥茧地理解，那么这个时候，就只有欲望存在了。可是你看，我们又坚持将欲望用好和坏、有益和无益来区分。一开始我本想着我们可以彻底摆脱这种分裂，可看来没有那么容易，这需要专注力、领悟力、洞察力。

问：是否有可能摆脱客观实物，只是与欲望的本体共存呢？

克：为什么我要摆脱客观实物？一辆漂亮的汽车有什么问题？你知道，当你把本体和客体分别开来的时候，你就已经为自己创造了一种冲突。本体总是指挥客体的变化，痛苦也因此产生。一个人年轻的时候会想得到全世界；随着年龄增大，就又会对这个世界心生厌倦。

　　你看，我们一直试图理解欲望，希望由此使冲突枯萎、消亡。今晚我们还谈及了这么多相关问题。你们知道，对于我们所有人来说，对权力的渴望非常强烈，刻骨铭心：有对雇员的控制欲，也有对丈夫、妻子的控制欲。或许在座的一些听众在今晚讨论的过程中已经深入到这个问题，认识到只要心念一直追寻满足感，就会不停出现沮丧，继而是痛苦和冲突。所以只有彻底放下欲望才能真正了解欲望。或许你们当中的一些人不仅仅是听懂了这些字面词句，你们已经认识到了这种想要达到某种目的，想要成为某些人物的感觉到底意味着什么，及其不甚高尚的一面。政治家想达到自己的目的，牧师们亦然，每个人都为了自己的目的而奔波，我们可以看到他们的庸俗——如果我可以用庸俗这个词来形容的话。我们能真正放下对权力欲的追求吗？如果你把它看作一种毒物，那么摆脱它就像卸下肩上沉重的负担般轻松，眨眼间它便消逝了，你也从中解脱出来，达到极其重要的顿悟境界。这与我们之前所说的不同——我们之前所说的有其自身重要性没错，但是我们现在说的是另一回事，我们说的是能够理解欲望、感觉和思想的心灵，同时还可以超越它们，脱离它们。你能真正了解这种心灵的实质而不是只停留在表面的文字描述吗？这种心灵极度敏感，能够排除冲突干扰，集中精力做出反应，敏感于一切形式的需求；这种心灵超越所有感觉和思想之上，它的活动也不再受所谓欲望的制约。

　　对于我们大多数人来讲，恐怕这些都是空谈的泡沫，是一种渴望或幻想出来的状态。但是你不能通过想象或任何其他方法达到这种状态。当你完全理解了这些，这种状态也就自然而然地到来了，你不需要有任何作为。

你看，如果你对以上所说的没有任何理解偏差，如果你可以不理会欲望，任其高飞或枯萎，将它置之一旁，你就可以拥有一个没有任何冲突的心灵。

伦敦，第七次演讲，1961 年 5 月 16 日

《作品集》第七卷（*Collected Works*，*Vol. VII*），第 150—153 页

我们应该发现：爱、欲望、热情其实是一回事。你破坏了其中的一个，就等于破坏了另外两个。

我们不得不去理解欲望，而像欲望这般重要、急切、费神之物理解起来是非常困难的，因为在实现欲望的过程中滋生了热情，无论是快乐的还是痛苦的。很显然，如果一个人真正理解了欲望，就无所谓选择。你不能以好与坏、高尚或卑劣的标准来衡量欲望，或者说，"我会保留这个欲望，否定那个欲望"。如果我们真正发现了欲望的真实，它的美丑，或可能包含的任何一面，所有这些标准肯定都会消失。想来会觉得很新奇，但是在这里，在西方的土地上，很多欲望可以实现。你们有私家汽车，有繁荣的经济，有较好的健康水平和文化程度，还积累了各种各样丰富的经验；然而当你到了东方走走看看，你会发现那里的人依旧食不果腹，衣不遮体，流离失所，生活在极度贫穷和水深火热之中。但不管是西方还是东方国家，欲望之火一直没有熄灭过，并以各种形式存在——或是外在表现出来，或是深藏在表面之下，总之一直都存在。那些声称要与尘世断绝往来之人其实和那些追逐名利的人同样不完整，因为他们同样没有摆脱欲望，只不过他们为的是追寻上帝而已。所以欲望一直在那里，熊熊燃烧，自我矛盾，制造混乱、焦虑、罪恶感，甚至是绝望。

我不知道你是否曾经历过这些。但是想一想，如果我们不去斥责欲望，不用好与坏的标准去评判它，而只是意识到它的存在，这样会有什么结果呢？我怀疑你是否明白"意识"到某物的含义。我们大多数人都没有这种意识，因为我们已经变得习于责斥、评判、估量、辨别、选择。很显然，选择会阻碍意识，因为选择总归是冲突的产物。当你走进一个房间，同时进入"有意识"的状态——看到所有的家具摆设如何、房间有无地毯等客观存在，且只是"看"它们，"意识"到它们，不带有任何感觉的评判，这是非常困难的。你有没有尝试过去看一个人、一朵花，或是一种思想、一种情绪，而不带有任何选择、任何评价呢？

如果一个人同样如此对待欲望：只是与它共存，不去否定它或是说："这个欲望那么卑鄙，那么猥亵、暴力，我该拿它怎么办呢？"也不给欲望任何名目、任何标志，不用任何词语来形容它——那么此时，它还会引起你内心的动荡混乱吗？你还要丢弃欲望，毁灭欲望吗？我们之所以想要毁灭它，是因为不同欲望之间有分裂，相互抵触的过程中会制造冲突、痛苦和矛盾。所以你能意识到欲望的整体性吗？我说的整体性并不是要强调欲望的数量，而是说明欲望作为一种存在的整体特性。一个人只有对欲望不置予任何看法、词语、评价、选择，才能够真正意识到它的整体性。每当欲望一出现你便能意识到，并且不在欲望中找寻自己的影子，也不去斥责它，在这样机警的状态下，有没有欲望——或是说火焰也好，热情也罢，这些还有意义吗？一般来说，热情是针对一样东西而言的，那就是性。然而对我来说，热情并不等于性。要真正本我的生活，必须要有热情，有强烈的集中；想要充分的生活，看一座山峦，一棵大树，真正看一个人，你必须有热情澎湃的强度。但是当你把这种热情、这种火焰四周都围上种种渴望、需求、矛盾、恐惧的时候，它们本身也就面目全非了。当火焰被层层烟雾覆盖又怎会熊熊燃烧呢？我们的生活就是烟雾；我们寻找这种火焰，却用所谓的欲望压制它、控制它、规制它。

如果没有热情，怎会有美的存在？我并不是说图画、建筑之美，或是粉饰过的女性之美等等。他们自有其各种形式之美，我们说的是超越了表象之美。人类创造出的事物，比如说教堂、寺庙、图画、诗歌或是雕像，它们可以美，也可以不美。但是还有一种"美"超越了感觉和思想，如果没有热情，就不能被人们所认识、了解或理解。所以不要对"热情"这个词心生误解。这不是个丑陋的词眼；它不是你可以在市场上买得到的东西，也不是花前月下谈论的事情。热情和情绪、感觉没有关系，也称不上高尚文雅；它是一团火焰，能摧毁一切虚伪。而我们一直都害怕这团火焰，害怕它会将我们珍惜、重视的事物吞噬。

毕竟，我们目前的生活是以需求、欲望为基础的，而各种各样控制欲望的方法使我们经历着前所未有的肤浅和虚妄。我们也许很聪慧好学，有能力重复一些收集到的信息，但是别忘了，电子机械也可以做到这一点，而且一些领域里机器甚至超过了人类，计算得更加准确和迅速。所以我们总是回到相同的问题上去——我们目前的生活是异常肤浅、狭隘、有限的，因为内心深处我们空虚、寂寞，而且千方百计掩盖、填补这种空虚。因此，需求、欲望变得面目可憎。没有什么可以填补内心深处的空虚——神明不可以，救世主不可以，知识、人际关系不可以，孩子、丈夫、妻子也不行，任何事物都办不到。但是如果你的心灵，你的大脑，你的全部存在都可以看到它，与它共存，那么你就会从心理上，从内心中认识它，不需要任何其他辅助。这就是真正的自由。

但是这需要我们敏锐地洞察，深入地探询，坚持不懈地观察，由此也许我们就能明白什么是爱。如果还存在所谓的由爱而生的依赖、妒忌、野心等等，爱怎么会存在？如果我们看清了那种虚妄——那是种现实存在，不是神话，也不是种思想，那么我们就能够了解：爱，欲望，热情其实是一回事。如果你消除了一个，也就等于消除了另外两个；如果你玷污了其中一个，也就等于玷污了美。我们想要深入了解这些人类的需求，用一颗依附于他物的心灵，一颗只会奉献，或是背负宗教教义的心灵是不行的，我们需要的是一种永在探求，从不满足，一直在看，在注视、观察自己，并且了解自己的心灵。没有爱，你永远不会找到真理。

巴黎，第四次谈话，1961 年 9 月 12 日

《作品集》第十二卷（*Collected Works*, *Vol. XII*），第 244—246 页

第四章

为什么性会变成
一种问题？

性是一个问题，因为在性行为当中，"自我"会完全缺席。性行为本身并不是问题，只是对性的念想制造了问题。所以，问题当然不在于性，而是在于怎样从自我中解放出来。有爱的存在，性行为也会有不同的意义。

性行为本身并不是问题，只是对性的念想制造了问题。*

问：我们知道，性是人类生理上和心理上都不可或缺的一种需求，而且似乎也是这个时代导致我们个人生活混乱的根源。我们该如何看待这个问题呢？

克：为什么无论我们接触什么，总会产生问题？我们把上帝变成问题，把爱当作问题，我们也把关系、生活看作问题，把性也变成一种问题。为什么呢？为什么我们做的每件事都是问题？无论做什么都心生恐惧呢？我们为什么在遭受痛苦？为什么性也成了问题？为什么我们甘愿生活在问题中，不结束这一切呢？为什么我们不彻底消灭问题，而要日复一日，年复一年地背负着它们呢？确实，性是个问题，但主要是：为什么我们总是把生活变成问题？工作, 性爱, 赚钱, 思考, 感觉, 经历——你知道，生活无非如此，为什么这些会是问题？难道不是因为我们总是用特定的、静止的视角去思考吗？我们总是从中心向外围思考，而这个外围是我们大部分人的中心，所以，我们接触的任何事物都是肤浅的。但是生活并不是肤浅的，它要求我们深入完整地投入。而因为我们只是肤浅地活着，我们也因此只知道肤浅的反应。因此，不论我们在所谓的外围做了什么，都势必会制造出问题，而这就是我们的生活：我们生活在肤浅中，而我们满足于这种生活状态，和所有的问题肤浅地生活在一起。所以，只要我们生活在肤浅的外围中，问题就会一直存在——外围就是"我"和它的种种感觉，可以是客观的或主观的，也可以是宇宙、国家或是心念所认同的价值休系。

所以，只要我们仅仅生活在自我的心念当中，就一定会复杂，一定会有问题——这就是我们所知道的。心念是一种感觉，是感觉和反应积累的结果，而它接触到的任何事情都必定会有苦恼、混乱等无止境的问题。不管是有意识还是无意识的，这种心念夜以继日地运转工作，是造成我们问题的真正原因。心念是最肤浅的东西，我们世世代代，穷尽一生来培养心念，使它越来越聪慧，越来越微妙，越来越圆滑，同时也越来越狡猾、不诚实——这在我们生活中处处可见。我们心念的本质就是不诚实、扭曲、不能面对现实，因此会制造各种问题，所以心念本身就是问题。

性的问题意味着什么呢？是性行为本身，还是有关性行为的念想？当然不是行为。性行为本身对你不是问题，就像"吃"对你来说不是问题一样，但是如果你整日别无他想，脑袋里只剩下"吃"的话，它就成了问题了。性行为是问题吗？还是这种念想是问题？你为什么会这样想呢？你肯定有这种念想，你为什么要制造这种想法呢？电影、杂志、故事、女性的装束——这一切都造就了你对性的想法。为什么心念会造就它？为什么思想会想到性？为什么性会在你生活中扮演主角？当有这么多事情需要你去注意、去考虑时，你却把全部注意力放在性上。为什么你头脑中充满了性？是因为性是一种完全逃避自我的方法，不是吗？性是一种全然忘我的方法。在一段时间，起码是在那个时刻，你可以忘记自我，除此以外你再没有其他方法可以做到忘记自己了。生活中你所做的每一件事都强调"我"，强调自己。你的事业，你的宗教，你的神明，你的领袖，你的政治作为、经济活动，你的逃避，你的社交，你加入某个党派，拒绝另一个党派——这一切都强调和强化了"我"。也就是说，只有一种行为没有强调"我"，所以就成了问题，不是吗？当你的生活中只有一件事是可以逃避，可以达到全然忘我的境地，哪怕只有几秒钟，你也会紧紧抓住不放，因为这是你唯一快乐的时刻。你接触的其他事物对你来说都变成梦魇，是遭受痛苦的来源，所以你便依赖于这个可以使你全然忘我的事情，并称之为快乐。但是当你依赖于它时，它也会变成梦魇，因为你又想从中逃脱，不想被它奴役。所以又一次在心念中创造出贞洁、禁欲的观念，而且你试图压制自己，要禁欲、守贞，让心灵和现实断绝关系。这其实又是特别强调了"我"，这个不甘寂寞的我，所以，你再次陷入辛劳、麻烦、挣扎和痛苦之中。

只要你不了解考虑性这个问题的心念，性就会变成一个异常困难和复杂的问题。性行为本身并不是问题，只是对性的念想制造了问题。你认为这种行为理所应当：在婚姻里放松、纵容自己，同时使你的妻子得到快感——这一切本无可厚非，你也对此心满意足。然而毫无疑问，如果想要解决问题，你必须了解"我"和"我的"两者的全部过程和结构：我的妻子、我的孩子、我的财产、我的汽车、我的成就、我的成功。如果你不理解、不解决这一切，性永远都将是一个问题。只要你有野心——政治上的、宗教上的或是其他任何方面的，只要你还是强调自我，强调思想主体、经验主体，并用野心资助"我"，不管是以你个人名义，国家之名，还是以政党、所谓的宗教信仰之名，只要有自我膨胀的活动，你就会有性方面的问题。

一方面，你在创造、培育、扩张自我，另一方面，你又想忘记自我，抛弃自我，即使是一瞬间。这两者怎么能共存？所以你的生活就是一种矛盾：强调"我"，又要忘记"我"。性不是问题，问题在于你生活的这种矛盾。而这种矛盾也不能借助心念来化解，因为心念本身也是矛盾的。只有当你完全了解你每天的生活过程，才能了解这种矛盾。去看电影，看荧幕上的女人，看让人浮想联翩的书籍，还有印有裸露照片的杂志，你看女人的方式，还有发现你偷窥行为的眼睛——所有的这些都是迂回地鼓励心念要强调自我，但同时你又试着保持和善温柔，充满爱意。这两者是无法共存的。一个在精神上或其他方面有野心的人是不可能没有问题的。因为只有忘记自己，当"我"不存在的时候，问题才会消失，而这种忘我的状态不是意志的活动，它不仅仅是一种反应。性是一种反应，而当心念要去解决问题，只会让问题变得更迷惑，更麻烦，更痛苦。所以这种行为本身不是问题，有问题的是心念，崇尚纯洁的心念。而纯洁不属于心念。心念只会压抑自己的活动，这种压抑并不是纯洁。纯洁也不是一种美德，它是不能被培养出来的。会培养谦逊的人必定不是谦逊之人：他可能会用谦逊之辞对待自己的骄傲，但他是一个骄傲的人，这就是他为什么要寻求谦逊的原因。骄傲永远无法变成谦逊，而且纯洁也和心念毫不相干——你不能"变"纯洁。只有存在爱，你才会了解纯洁，而爱不属于心念，也不是心念的产物。

　　因此，除非我们能了解心念，才能使全世界这么多人饱受困扰的性问题得到解决。我们不能停止思考，但是当思想的主体停止时，思考便会结束，而只有了解了全部过程，思想主体才会停止。当思想主体和其思想之间出现分歧时，恐惧便产生了；只有在没有思想主体时，才不会有思想上的冲突。你不需要为了解其中含义做出任何努力。思想使思想主体出现，然后思想主体努力成形，去控制自己的思想或结束自己的思想。思想主体是一个假想的实体，是心念的幻影。当认识到思想就是一种事实，就没有必要去思考事实了。如果有简单的、没有选择的察觉，那些事实的含义就会自己呈现。因此事实终结了思想。然后你会发现那些腐蚀我们心灵和思想的问题，以及社会结构的问题都能得到解决。到时，性也不再是问题，有其合适的定位，不能用纯洁与不纯洁来衡量。性有其特有的位置，但是当心念赋予它显著的地位时，性就成问题了。心念赋予性显著的地位，是因为它的存在离不开快乐，因此性就变成了问题；但是当心念了解了它全部过程，问题也便结束了。也就是当思考停止时，就自然会有创造，正是这种创造使我们快乐。处在创造的状态中是一种极乐，因为这是一种忘我，也就是没有自我的反应。这不是日常生活中关于性这个问题的抽象答案——这是唯一的答案。心念否定了爱，而没有爱就没有纯洁；因为没有爱，你才把性变成了问题。

《最初和最终的自由》

（*The First and Last Freedom*），第 227—231 页

当你心中无爱……

当你心中无爱，你生命中就只剩下一件事情——快感。那种快感就是性快感，并由此衍生出诸多问题。要想解决这个问题，必须理解这个问题。只有当你理解它，心灵才能自由。

新德里，第四次演讲，1966 年 12 月 25 日

《作品集》第十七卷（*Collected Works, Vol. XVII*），第 130 页

"性"的涵盖面很广，不仅仅是指性行为。

什么是性？性指的是性行为，还是指欢愉的影像？还是有关性的所有念想、记忆？或者说，它仅仅是一种生理现象？是不是有爱——如果我在这里用"爱"而不玷污这个字眼的话——就应该有这些记忆、画面，这种兴奋、需求吗？我认为，一个人必须要了解这种身体上、生理上的行为事实，这是一回事；而所有的浪漫情调，热情澎湃，沉迷于他人身体，从和他人的性关系中找到自我的感觉，以及持续、满足的感觉——这些则是另外一回事了。当我们真正在乎欲望、需求的时候，性所扮演的角色到底有多重要呢？作为一种生理需要，性同时也是一种心理需求吗？只有一个非常明晰、敏锐的心灵和头脑才能将这种心理需求和生理需求区分开来。"性"涵盖很多方面，不仅仅指性行为。想在他人怀里忘我的欲望，想在某种关系中找到延续，试图从孩子、妻子、丈夫和纵情于他人的感觉中找到一种永恒，由此带来的所有问题——像嫉妒、依赖、恐惧，还有经受这些问题的痛苦，这所有的一切是爱吗？如果我们不彻底、全面、深刻地了解自己最幽深处潜意识的需求，那么性、爱，还有欲望就会毁掉我们的生活。

巴黎，第四次演讲，1961 年 9 月 12 日

《作品集》第十二卷（*Collected Works, Vol. XII*），第 247 页

大多数人考虑的只是性欲中的热情。

克：念想本质上是分裂的，它寻求、握住快感，又滋养欲望。

问：您是否也会欲望膨胀？

克：你看到一栋房子，觉得它很可爱，于是产生拥有它的欲望，并由此产生快感，然后就千方百计努力得到它。这便构成了一个中心，此中心就是分裂的源头。这个导致分裂的中心就是一种"自我"感，因为这种"自我"感就意味着"分离"感。人们称之为"本我"或是其他等等，比如说有"低层自我"和"高层自我"之分，但没有必要将之复杂化，这其实很简单：只要有中心，也就是有"自我"感的存在，这种"自我"感就会在其参与的活动中将自己隔离，也因此会有分裂和抵触。这一切都是念想运作的过程。所以如果你问什么是爱，我可以肯定地说，爱绝对没有这种中心。爱不是任何形式的快感，也不是痛苦、仇恨、暴力。

问：所以，您所说的爱可以没有性，因为爱中不能存在欲望，对吗？

克：拜托，请不要下任何结论。我们是在研究，是在探索。任何结论或是假设都会影响我们进一步探询。要回答这个问题，我们必须先来看一下"念想"有何能量。我们所说的"念想"因为思考某些悦人之事，滋生了种种形象和图像，由此维持快感的存在。思考性行为便成为性欲，但这和性行为本身完全不同。大多数人考虑的只是性欲中的热情。在性行为之前或之后的热望便是性欲。这种热望就是念想，而念想绝不是爱。

问：有没有不含这种念想之欲的性呢？

克：你必须自己找到答案。性在我们生活中扮演着极其重要的角色，因为也许我们拥有的唯一深刻、亲身的经历就只有性了。无论是智性上还是思想上，我们一向顺应，模仿，跟随，服从。在我们所有的关系中都有痛苦和斗争，唯独性行为中没有。这种行为，美好又特别，我们于是沉迷于此，所以性又成为我们的束缚。就是这种束缚维持了性——这又是具分裂本质的"中心"感作祟。于是我们在智性上由于社会道德、宗教约束而受制于家庭、集体，只剩下"性"这种唯一不受束缚、全然投入的关系，因而我们非常重视它。但是，如果我们周围处处都有自由，那么我们就不会对性有如此强烈的渴望，也不会有问题了。

我们之所以把它当成一个问题，是因为我们不能从中得到满足，或是我们因得到它会产生罪恶感，又或者是因为我们为了得到它而打破一些社会规范。传统社会称新社会为放任型社会，因为在新社会，性成了生活中不可或缺的一部分。在帮助心灵摆脱模仿、权威、顺从，还有宗教法则的过程中，性固然有其不可磨灭的作用，但也不适用于全部。借此，我们可以看到自由是爱的本质——不是反叛、放任自己的自由，也不是公开或秘密纵容自己渴望的自由，而是一种对"中心"感的整个结构和本质了若指掌的自由。这种自由就是爱。

问：所以自由不是一种许可？

克：不是。许可本身就是一种束缚。爱不是仇恨，不是妒忌，不是野心，也不是害怕失败的竞争精神；既不是对上帝的"爱"，也不是对人类的

"爱"——因为这种"爱"依旧意味着分裂。爱不能以一个或多个来衡量。爱只是一个"私人"或"他人","有"还是"无"的问题。它就像香气四溢的鲜花，无论是一个人，还是很多人都可以闻到它，重要的是有香味，而不是谁拥有了它。

《克里希那穆提选集Ⅱ》（企鹅出版社）

（*The Second Penguin Krishnamurti Reader*），第 238—240 页

只要有爱，性便不是问题。

　　我们在年轻的时候有强烈的性冲动，而且大都通过控制和规制这些欲望来解决问题，因为我们觉得如果不加以克制，自己就会变得性欲泛滥不可自拔。宗教组织都很注意规制我们的性道德，但同时却允许我们以爱国主义的名义施暴或杀戮，允许我们嫉妒，圆滑地逃避规则，去追求权力和成功。为什么他们如此在意"性"这种特别类型的道德维度，而不去抨击那些剥削、贪婪，还有战争呢？难道不是因为这些宗教团体作为我们创造出的大环境的一部分，其存在的根源是建立在我们的恐惧和希望、嫉妒与分裂之上的吗？所以，和其他任何形式一样，宗教领域中，心灵同样被自身欲望的投影所控制。

　　只要我们还没有深刻了解欲望的全部过程，那么无论是东方还是西方现存的婚姻制度都无法为"性"这个问题提供任何答案。爱不是契约的产物，不是感激的交换，也不是相互给予的慰藉和安全感。所有这些都是心念的活动，这也就是为什么爱在我们的生活中所占位置如此之小。爱不是由心念所决定的；爱独立于念想，有其自己巧妙的计算、自我保护的需求和反应。只要有爱，性便不是问题；正是因为没有爱，问题才会出现。

不是性，也不是其他具体事情构成了问题，而是心念的阻碍与逃离制造了它，这就是为什么理解心念的活动过程，它的喜恶，还有其对美丑的反应都那么重要了。

《教育和生活的意义》

（*Education and the Significance of Life*），第 117—118 页

如果一个人有爱，即便有性需要，他也是纯贞的。

有这样一些人：他们聪明理性、知识渊博（这里的知识不是智慧）；他们腹有良谋，以拯救世界为己任，且思维、心理活动都极其活跃。正是这种人会陷入性爱中不可自拔。因为他们的生活肤浅、内心空虚，于是性变得很重要——这就是我们当前文明社会的现状。我们过于培养智性，而心灵却被自己制造的一些形象所困，比如说心灵一直沉浸于像收音机、摩托车、娱乐装置、技术知识等等各种吸引它的事物之中。一旦这种心灵被困，将只有一种释放方式，那就是性。先生们，请看看我们自己每个人内心发生了什么吧，不要去管别人怎样。检视自己的生活，你们才会发现自己是怎样被这些问题所困，自己的生活有多空虚。你们的生活是什么样的，先生们？看似光鲜明亮，但贫瘠、空洞、枯燥、疲惫，不是吗？每天你都到办公室工作，或是念咒文，或是做礼拜。在办公室的时候，你卑躬屈膝，枯燥乏味，不得不例行公事；而在宗教场合中，你又变得机械死板，只会接受权威。所以，在宗教里，在商界，在你接受的教育还有日常生活中，到底发生着什么？其中毫无创造性可言，对吧？你不开心，毫无生气，没有喜悦。无论是智性上，还是宗教、经济、社会、政治层面，你都枯燥乏味，严格受控，不是吗？这种刻板源自你自身的恐惧，自身的希望、沮丧，于是对于一个无路可逃的人，很自然他就只能转向性爱，企图从中解放自己。他可以在性中放纵自己，得到快乐。所以，性便成为一种自动、惯性的例行公事，也因此成为一种沉闷、暴虐的过程。如果你观察了，会发现这其实就是你的生活，不用回避，也不用找借口。真实情况就是：你不具备创造性。你可以有孩子，数不清的孩子，但这不是创造行为，这只是一种生存的偶然行为。

　　所以，如果心灵毫不机敏、了无生气，如果内心毫无爱意、空洞乏味，怎么会有创造能力？没有了创造性，你就会借助性爱，借助娱乐——电影、戏剧，或是借助其他你置身事外的表演形式来寻求一种刺激；别人描绘场景，迈出舞步，而你只是一个旁观者。这不是创造。同样，世上有那么多出版的书籍，你仅仅是读者，而不是创造者。如果没有创造，那么唯一释放的方式就是性，这其实无异于使你的妻子或丈夫沦入风尘。先生们，你们不知道这些意味着什么，有多邪恶，有多残酷。我知道你们很不舒服。你们还没有想明白，仍封闭着心灵，因此性便成为当代文明中一个极大的问题，不论是淫乱行为还是婚后机械地、习惯性地性释放。只要没有创造的状态，性会永远是问题。你可以控制生育，或是采用其他实践形式，但是你永远不能没有性。模仿不是自由，压制不是自由，控制也不是自由。只有有了感情，有了爱，才会有自由。爱是纯洁的；当爱失去了，你才会尝试着在性刺激中找到纯洁，这种尝试仅仅是种愚蠢的行为罢了。净化的使动者是爱，不是你希望变得纯洁的欲望。一个有性体验的人可以有纯洁的爱；而没有爱，性就只是你现在生活中的性：例行公事，丑陋不堪，人们或是要远离、忽视、摆脱它，或是沉迷于它。

　　　　　　　班加罗尔，第六次演讲，1948 年 8 月 8 日

　　　　《作品集》第五卷（*Collected Works*，*Vol. V*），第 55—56 页

如果你要抗拒性，那就必须干脆闭上眼睛……不看任何东西。

克：你所说的性感觉是什么意思呢？是看一个女人吗？还是所有生理上的需求？如果你去看一棵树，这难道不也是性欲驱使吗？还有欣赏一朵异常美丽的花，这同样也是一种性感觉，不是这样吗？难道不是？

问：是这样的。

克：几乎所有宗教都否定性，如果你要像他们一样抗拒性，那你干脆就闭上双眼，割掉舌头，摘掉眼睛，从此不看任何东西。不要笑，先生们，其实这就是你们现状，因为你们对"美"毫无意识。对于你们来说，美只是附属在花样男女身上的一种东西。因此，世上像商羯罗①这样的人便说："如果你想进入精神领域，就不要和女人打交道。"所以你否定了地球上一切美的事物。

你是否曾经驻足观赏过一棵树，或是一朵花？你是否曾经看到一位美女或俊男而不对自己说"我想要从她身上得到些什么"？你是否有过这些经历：只是观赏像山峦、树木、花朵、脸庞，或是笑容诸如此类事物之美好而不考虑其他？你不曾有过，因此你不知道什么为爱，也不知道什么是美。你只知道"应该"或"不应该"。所以，你的心灵和思想

———————
① 商羯罗是印度中世纪吠檀多哲学的集大成者，著名的不二论理论家。——译者注

之泉被抽干，你也因此成为"脱水"的人类。而你却微笑接受这个现实并继续这样走下去。

所以，先生们，首先不要去斥责否定，你才会了解什么是爱。

印度，丽诗谷，1967 年 11 月 9 日

"自我"和时间消泯之时，性的热情之美自然显现。*

问：什么是热情？

克：我认为我们应该清楚性欲和热情是两个不同的概念。性欲由念想维持，被念想操纵，它在思想中生长、成形，直到通过性行为爆发出来；如果是对权力的性欲，就会以各种强烈的形式表现出来从而满足欲望。而热情则完全不同：它既不是念想的产物，也不是对过去事件的记忆；它不被任何为达目的的动机所驱使，同时也无所谓悲伤。

问：所有有关于性的热情都是性欲吗？性反应通常不是思想的结果，也许当你突然碰到某人令你神魂颠倒，这种反应就发生了。

克：只要思想创造出快感的形象，这就必定是性欲，而并不是自由的热情。如果快感是主要驱动力，那就是性欲；如果性感觉出于快感，那么这就是性欲。而如果性感觉是源于爱，纵使有再多的愉悦感，那也不是性欲。这里我们必须明白，而且要为自己找出爱是否包括快感和欢愉这个问题的答案。当你看到白云朵朵，洁白闪亮，赏心悦目，当然快感会随之而来，但是你感受到的却不仅仅是快感。我们并不是在斥责这一切。如果你有股冲动，抬头再去看云，或是念想继续回想那些云，那么你就会浮想联翩，这显然是快感和念想所驱使。而当你第一次看到云朵，欣赏到它的美时，并没有这种快感做驱动力。性之美在于"我"或是"本我"的缺席，而对性的念想却是对"本我"的肯定，这就是快感。这个"本我"会不停地寻求快感或是逃避痛苦、渴望满足，也因此不免沮丧。在这个过程当中，热情的感觉被维持了没错，但是由于念想的不断追求，热情也因此变为快感。对记忆中热情的期望与追求就是快感。

问：那么热情本身又是什么呢？

克：热情是一种喜悦，一种狂热，但不是快感。快感中总会有些许的努力成分，比如说你看到某物之后就会有挣扎、要求，会努力保持它、得到它。热情里没有要求，因此没有努力。热情里也没有丝毫的想要满足什么的目的，因而也不会有沮丧和痛苦。热情是从"我"抽离出的自由状态，而"我"就是所有满足感和痛苦的中心。热情没有任何要求——我并不是说热情是没有活性的，热情没有要求是因为它是一种"放弃自我"的朴素形式，其中无分"你""我"；因此热情便是生活的本质。是热情在"生"，热情在"活"。但当念想开始想要得到或抓住某种东西，问题就随之而来，热情也便停止。没有热情，创造是不可能的。

问：你所说的创造是什么意思？

克：就是自由。

问：什么样的自由？

克：是一种摆脱"自我"的自由，这个"自我"依赖于周围环境，是环境的产物，是社会和思想创建起来的。这种自由是明晰，是光亮，不是来自过去的光亮，热情只存在于"现在"。

问：你所说的这些点燃了我体内一种从未有过的感觉。

克：那是一种学习的热情。

问：在我的日常生活中有什么特别的方法可以确保这种热情燃烧、

运作呢？

克：除了你在"当下"全神投入地学习，没有什么是可以确保这一点的。这种全神投入完全放弃了"自我"和时间，其中自有热情之美。

《克里希那穆提选集Ⅱ》（企鹅出版社）

（*The Second Penguin Krishnamurti Reader*），第296—298页

在爱的前提下，性行为会有不同的意义。

怎么可能通过智性来满足性需求而不造成任何问题呢？现在，我们所说的性到底是什么意思？一种单纯的生理行为，或者是激起、刺激、推进这种行为的念想？当然，性是一种心念的活动，正是因为它是心念的活动，就必须追求满足感，追求不到就会产生沮丧。不要对这个话题那么紧张。我看得出来你们都变得很不安。就让我们像谈论其他话题一样把这个问题搞清楚。不要看起来那么严肃茫然！让我们简单、直接地对待这个话题。问题本身越复杂，就越需要清晰的思路，越需要相对的简单和直接。

为什么性在我们的生活当中会变成这样一个问题呢？让我们深入进去，不要局促不安、担心害怕，也不要心存排斥。为什么它会变成一个问题？毫无疑问，对于你们大多数而言，性就是一个问题。可为什么呢？很可能你从未问过自己为什么这会是一个问题。那么就让我们一起来寻找答案。

性是一个问题，因为在性行为当中，"自我"会完全缺席。那一刻你很高兴，因为那时是自我意识或是"我"的停滞期；于是你想要更多这种极度愉悦、没有过去也无关未来的忘我感觉，想要通过交融、结合得到那种极度的欢愉——自然而然，它就变得非常重要，不是吗？因为它给了我纯粹的喜悦，全然的忘我，我从中希望得到越来越多这种感受。现在我们来看，我为什么想要得到越来越多呢？因为除此以外，处处都有冲突，处处都有，每一种生存形式都不停地加强"自我"。不论是经济、社会，还是宗教方面，人们都在不停地累积自我意识，充满冲突。毕竟，有冲突你才会有自我意识。自我意识本质上就是冲突的结果。所以，除了性，我们处处都面临着冲突。我们和金钱、他人、思想之间等等所有关系中都有冲突、痛苦、挣扎、不幸；而单单在性这种行为中这一切都完全停止了。出于本能，你想要的越来越多，因为它给予你快乐，而其他一切都只能给你带来痛苦、混乱、冲突、迷惑、敌对、担忧，甚至是毁灭。因此，性行为对你来说就变得意义非凡，异常重要。

所以，问题当然不在于性，而是在于怎样从自我中解放出来。你尝过"无我"的状态是什么滋味，哪怕只有几秒钟，哪怕只有一天，或只是在你的意念中；而只要存在"自我"，就会有冲突、不幸，还有斗争。所以，总会有想得到更多"无我"境界的渴望。但主要问题是不同层面之间的冲突，还有怎样才能做到"放弃"自我。你在追求快乐，在这种快乐的状态中，自我连同所带的冲突都消失不见了，你在这种行为中找到了短暂的快乐。或者，你通过自我压抑来克制自己，挣扎，控制，甚至是毁灭自己，这意味着你要寻求摆脱冲突的自由，因为冲突停止就会有喜悦。如果可以有摆脱冲突的自由，那么不同层面的生存方式都会有快乐。

是什么导致了冲突？在你工作、教授的过程中，和他人的关系或其他事情中，冲突是怎样出现的？即使你仅仅在写诗、唱歌、绘画，冲突也不可避免。

这种冲突到底是怎样产生的？是因为随之而来的欲望吗？你在绘画，希望用色彩表达自己，希望成为最好的画家；你不断学习、担忧、渴望自己的画作被整个世界认可。但是，只要有"想要更多"的欲望，就必然会有冲突。这种"更多"的要求是来自心理的渴望。这种需要是心理上的，当心智、思绪在寻求，或是直接变成一种终结，一种结果，那么就会有对"更多"的渴望。当你想成为圣雄或圣人，想了解某物；当你习练德行，或是有了阶层意识，想要变得更"高级"；当你千方百计提高自己的地位——这一切都显然变成一种念想。于是"更多"就成为冲突。一个总是寻求"更多"的心灵永远不会对事物本身的原态有意识，因为它一直活在"更多"里，活在"会发生什么"里，而不是"现在是什么"之中。除非你解决冲突中所有内容，否则这种通过性来释放自己的方式将永远会是一个问题。

先生们，"自我"并不是一个可以通过显微镜观察到，或是通过书本学到的客观实体，也不能通过一两句引言去理解它，不论这些引言多么掷地有声。只有在"关系"中才能了解"自我"。毕竟，冲突存在于关系之中，不论是你和金钱、思想，还是你和妻子、邻人之间的关系，如果你不解决最基本的冲突而仅仅只依赖于性来释放自己，那很显然会不平衡。而我们就恰恰处于这种状态。我们不平衡，因为我们只有性这一条出路，而且社会和所谓的现代文明也对此推波助澜。看看那些广告、电影，还有那些挑逗的动作、姿势、扮相就知道了。

你们大多数很年轻时就结婚了，当时生理需求还非常强烈。你有了妻子或丈夫，并且要和妻子或丈夫快乐地度过下半辈子。你们的关系仅仅是身体上的，而且所有其他都要围绕着这种关系去调整。所以会发生什么呢？你也许很理性，而她非常感性。你和她如何交流？或者说她很实际，而你却很理想化，不拘小节，满不在乎，你和她之间怎么沟通？你对性的要求很多，而她却不是，但你还是利用她满足自己的要求，因为你有这个权利。你如此利用她，你们之间怎会有交流？我们的婚姻就是基于这种思想，这种渴望；但一直这样下去，婚姻中就会出现矛盾，甚至是巨大的冲突，所以就有了离婚。

因此，要解决这个问题需要从智性上着手，也就意味着我们必须改变我们整个教育基础。这不仅需要我们对生活事实的了解，还需要对自身日常生存状态有明确的认识。不单要了解、理解这种生理渴求、性需求，还要明白如何从智性上处理它。但是现在我们并没有这样做，是吗？这是个见不得人的话题，是件很私密的事情，只能在隐蔽的地方讨论。当这种渴望非常强烈，到了不顾一切的程度，我们就会找个伴侣度过余生。看到我们是怎样对待自己和他人了吧。

一个智性的心灵怎样和一个感性、枯燥，或是未受过教育的心灵交流和往来呢？除了性，还有其他交流方式吗？其中棘手之处就在于需要满足的性渴望和生理需求使某些社会规则成为必要，不是吗？因此我们有各种婚姻法。你有各种各样的方式可以占有给你快感、安全感和安慰的人，但是长期给予的快感却钝化了你的心灵。就像长期的痛苦使心灵迟钝一样，长期的快感会使头脑和心灵枯萎。

而你怎样才能有爱？当然，爱不是来自心念，是吗？爱也不仅仅是性行为，对吗？爱不是心念可以构想的，也不是可以规划的。如果没有爱，你和他人发生关系；如果没有爱，你步入婚姻的殿堂，那么在这种婚姻中，你们就会为对方相互"调整自己"。多么好听的字眼！你们为他人调整自己，其实同样是心智活动的过程，不是吗？她嫁给了你，但是你这个卑鄙的行尸走肉，只受情欲所左右。她不得不和你住在一起。她不喜欢这栋房子，这里的环境，讨厌这里的一切，还有你的野蛮。但是她对自己说："没错，我已经结婚了，我必须忍受这一切。"所以，作为一种自我保护的方式，她屈服了，而且现在开始对你说："我爱你。"你们知道，出于对安全感的渴望，我们会忍受一些丑陋的事物，这时，这些丑陋的事物会看起来变得美好，因为这是一种自我保护的方式；否则，我们可能会受伤害，我们甚至可能完全被毁灭。所以我们眼睁睁地看着那些丑陋讨厌的事物渐渐变得"美好"。

这种调整很显然是脑力活动的过程，所有的调整都是。但是毫无疑问，爱是不能调整的。先生们，你们知道吗，如果你爱一个人，就无"调整"可言——你们之间只有全然的交融。只有无爱的情况下我们才开始调整，而这种调整就是所谓的婚姻。因此，婚姻之所以失败，是因为它是冲突的来源，是两个人之间的战争。这是个异常复杂的问题，就像所有的问题一样，但由于强烈的贪婪和欲望，这个问题变得尤为复杂。

所以，一颗仅仅总是调整自己的心灵永远不会是纯洁的；一颗总是通过性来寻求快乐的心灵也永远不会是贞洁的。即使你可能暂时通过这种行为达到了无我、忘我的状态，但正是心念对这种快乐的追求使心灵失去纯贞。只有爱存在，纯贞才会存在。没有爱就无所谓纯贞。爱不是可以培育的。只有在忘我的境界里才会有爱，而且想要得到爱的福佑，我们就必须首先通过对关系的理解来解放自己。有爱的存在，性行为也会有不同的意义；有了爱，性就不是一种逃避，也不是习惯。爱不是一种观念，而是一种存在的状态。爱不是可以"变成"的东西。只有存在爱，才会有纯贞、纯粹；但是一个想要"变成"某样，或是试着"变得"纯贞的心灵则不会有爱。

巴那拉斯，第五次演讲，1949 年 2 月 20 日

《作品集》第五卷（*Collected Work, Vol. V*），第 216—218 页

第五章

关于纯贞

那些试图通过禁欲得到上帝垂怜的人是不纯贞的，因为他们在追寻一种结果，一种获得，用终点和结果代替性——这是恐惧的表现。

只有当头脑和心灵卸下恐惧的包袱，摆脱感觉的习惯；当有了慷慨与悲悯，才会有爱。这种爱就是纯贞。

我们应该将关于爱和性的所有结论置于一旁，深入地观察和审视它们。*

那日清晨，阴霾笼罩，天气清冷，银灰色的河面失去了往日的光泽。尘落枝叶，房间里、阳台上、座椅上——世间一切也都好像蒙上了一层薄薄的尘埃。天气越来越冷了；喜马拉雅山那边肯定下了大雪，人们可以感受到从北方袭来的凛冽寒风，似乎就连鸟儿都能感受得到。然而，那个清晨，河流却有一种奇妙的运动状态：没有被风抚过的涟漪，河水看起来几乎静止不动，似乎有与生俱来的超越时间的永恒天性。太美了！怪不得人们称之为圣河。你可以静静坐在阳台上，自由自在地观赏、冥想。你不是在做白日梦，心念也不曾指向任何方向，只是逃离己身而已。

而当你看着河水反射出的光亮，若然迷失自我，接着闭上双眼，就会感受到内心的空虚被福佑填满——这就是极乐境地。

那天早晨他又来了，还跟着一个年轻人。他是一名僧侣，平日总谈论些戒律、圣书，还有传统权威。他一脸清爽，衣袍也洗得一尘不染。那个年轻人是跟着这个僧侣过来的，而且这个僧侣很可能是他的上师，他看起来有点儿紧张，正等着他师父首先开口讲话。他看着那条河，但心里却想着其他事情。现在这位托钵僧说话了："我又来了，但是这次要谈谈爱和有关肉欲的问题。我们曾立下守贞的誓约，但是有很多情欲方面的困扰。誓约只是一种抵抗我们那些不能控制之欲的方法。我已年迈，不再有欲火中烧的感觉了。在宣誓之前我曾结过婚，后来妻子去世，我就离开家，并且经历了一段痛苦时期，也饱受生理需求不能满足之苦，我日夜与它们斗争。那确实是一段非常艰难的时期，充满孤独、沮丧、疯狂的恐惧，还有精神上的崩溃。即使到了现在我也不敢多想那段日子。这个年轻人此次跟我来访，是因为在我看来他正经受同样的问题。他想像我一样，远离尘世，立下清心寡欲的誓约。我已经和他谈了数周，我觉得我们非常有必要和您一起探讨一下这个问题，关于性和爱的问题——请恕我直言。"

如果我们要从自己身上找到问题的答案，首先，请允许我提一个建议，那就是不要站在任何立场，不要持任何态度、从任何原则出发来审视这个问题，因为这样会阻碍你探询的脚步。如果你反对性，或者你坚持认为性是生活必需的、不可缺少的一部分，那么任何这种论断都会妨碍对真实的洞悉。我们应该将所有结论置于一旁，自由地观察、审视。

雨滴开始星星点点地落下，鸟儿也停止歌唱，因为大雨就要来临，树叶不久也会又变得清新油绿，晶莹艳丽。

空气中弥漫着雨的味道，大地被笼罩在暴雨前奇异的寂静之中。

现在我们有两个问题：爱和性。一个是抽象概念，另一个是实实在在的日常生理需求——这是不可否认的事实。让我们先来看看爱为何物，不是将它作为一个抽象概念，而是看看它实际是什么。爱是什么？仅仅是被念想滋养成为快感的感官愉悦？还是有关于能给你带来巨大喜悦或是性欢愉经历的记忆？爱是否是落日之美？是你触碰或看到的娇嫩枝叶，或是沁人心脾的花香？爱是快感，是欲望吗？或者两个都不是？

爱有神圣和世俗之分吗？或者它是一种无形的、完整的、不能被心念所分割的事物？爱可以没有对象吗？或是恰恰因为有对象才会产生爱？是不是你看到了一个女人的脸庞，心生爱慕，于是爱就成为一种感觉，继而变成欲望，成为心念所延续的快感？或者爱是你内心的一种状态，在这种状态下你认为美就是敏感？是不是爱由心念滋养过后，对象就变得无比重要？还是爱与心念毫无关系，也因此是独立、自由的？如果不理解"爱"这个词还有其背后的意义，我们就会备受折磨，为性焦虑不安，或是成为性的奴隶。

爱是不会被心念拆分成碎片的。如果心念把爱分成碎片，比如广博的、个人的爱，感官的、精神的爱，对我的国家和你的国家之爱，对我的神明和你的神明之爱等等，爱就不再为爱，爱就会变质成为记忆、宣传、便利、安抚等等的产物。

性是心念的产物吗？性，还有其中包含的快感、欢愉、陪伴、温存，这些都是被心念所加强的记忆吗？在性行为当中有忘记自我、抛弃自我的境界，有摆脱恐惧、焦虑，摆脱对生活担心的感觉。你记住这种温存，这种忘我，而且想要重复一遍，于是你不断仔细回想上次的情景，直到下次有机会再体验。这是温存，还是仅仅对已经结束事情的回忆？且你希望通过重复再次捕捉到这种体验？这种对某件事的重复，无论再怎么快乐，难道不是一个毁灭的过程吗？

那个年轻人突然插嘴说："就像您自己所说的，性是一种生理需求，如果性具有毁灭性，那么'吃'也同样具有毁灭性了？因为'吃'也是一种生理需要啊。"

如果一个人因为饿了就吃了——这是一回事；但是如果他饿了，接着心念说"我要尝尝这种或是那种食物"——这是另一回事，这是念想，也就是具毁灭性的重复。

"在性中，你怎么能知道哪些是诸如饥饿一样的生理需求，哪些是像贪婪般的心理需求呢？"这个年轻人接着问道。为什么你要分生理需求和心理需求呢？而且还有一个问题——合起来是另外一个问题，那就是为什么你要把性这种行为同观赏山峦之美和品味花之怡人区分开呢？为什么你会认为其中一个那么重要，而完全忽视另一个？

"如果性与爱有很大的不同——你好像这么说过，那有没有必要发生性关系呢？"年轻人又问道。

我们从未说过爱和性是完全分离的。我们说过爱是完整的，不可被分割的，而念想其本质就决定了它是支离破碎的。当念想占据统治地位，很显然就不会有爱。人们大概都知道，或是只知道念想中的性：反复、仔细品味快感。因此我们不得不问：有没有不存在于念想或欲望中的"性"呢？

这位托钵僧一直都在用心聆听。现在他说话了："我一直反对性，也曾立誓与它对抗，传统和理性告诉我，人必须将精力奉献给宗教生活。但是我现在却发现这种与性的抗争耗费了大量能量。相对于我曾经浪费在性本身上面的能量，我花费更多时间在抗争上，也浪费了更多的能量。所以现在我明白你所说的'任何形式的冲突都是能量的浪费'是什么意思了。冲突和挣扎要比看女人的脸庞，甚至是比性本身更致命。"

有没有不加欲望和快感的爱存在呢？有没有不加欲望、不加快感的性呢？有没有完整的、念想无法介入的爱？性只存于过去，还是每次都是崭新的？念想很显然是旧的，所以我们总是拿新念和旧念对比。我们从旧事发问，同时也从过去寻找答案。所以如果我们问：有没有不含念想运作和工作机制的性，那不就等于我们还未从过去迈出来吗？我们很大程度上受制于旧事物，因此无法感觉到新事物。我们说过爱是完整的，且是永"新"的——"新"不是和"旧"相对，否则此时的"新"又会变"旧"。任何就无欲之性存在与否的断言都毫无意义，如果你能够理解心念的全部意义，或许这个问题也就解决了。然而，如果你愿意付出任何代价得到快感，爱就不会存在。

年轻人说："你所说的生理欲望正是这样的要求，因为也许这种欲望虽与念想不同，但却滋生了念想。"

"或许我可以回答这位年轻朋友，"这位托钵僧说，"因为我曾经历过所有这些。我用数年的时间训练自己不去看女人。我毫不留情地控制自己的生理需求。并不是这种生理欲望滋生了念想，而是念想捕捉住欲望，利用欲望，通过欲望制造出形象、画面，于是欲望就成为心念的奴隶了。这么长时间以来，是念想滋生了欲望。就像我所说的，我开始认识到我们自欺欺人的极端本质了。我们太虚伪，从不真正'看'周围的事物，总是自己为它们创造幻影。先生，您跟我们所说的就是要用清新的双眼观察世间万物，而不加有任何昨日的记忆——您在演讲中多次重复这一点。做到这一点，生活就不再会有问题了。我在迟暮之年才刚刚开始意识到这一点。"

那个年轻人看起来并没有十分满意。他希望根据自己的意志生活，根据他精心建立起来的程式生活。

这就是为什么认识自己那么重要，不是根据任何程式，也不是经由上师指点。这种自始至终的无选择的意识可以打破一切幻象和虚伪。

暴雨骤降，寂静无风，只闻雨打屋檐和树叶的声音。

《克里希那穆提选集Ⅱ》（企鹅出版社）

（*The Second Penguin Krishnamurti Reader*），第 72—77 页

立誓禁欲不会懂得爱。*

立誓禁欲的人不会懂得爱，因为他只考虑到自己，只考虑自己是否修成正果。

孟买，第七次演讲，1955 年 3 月 9 日

《作品集》第八卷（*Collected Works，Vol. VIII*），第 339 页

如果心灵将自己从锚地中释放，性就不再是问题。*

问：节欲和守贞是达到自由境地的必经之途吗？

克：这个问题本身就是错的。要达到自由境地，没有什么是必须的。你不可能通过讨价还价，通过牺牲、排除一些东西得到它；自由境地不是你可以买来的。如果你想通过这些手段得到自由，那无异于想在市场上买到一种叫"自由"的东西，因此也不是真的自由。真理不是可以买到的，没有任何方法可以得到真理。如果存在某种方法，那么结果也将不是真理，因为方法和结果为一体，不能分开。以守贞的方法来达到自由，得到真理，其实是对真理的一种否定。守贞并不是你用来换取真理的钱币。你不可能用任何钱币买来真理，也不可能买来贞洁。你只能买到那些你所熟知的东西，但是你不可能买得到真理，因为你根本不了解真理。只有当心灵平静、安详的时候，真理才会出现。因此，问题就变得完全不同了，不是吗？

为什么我们会觉得纯贞重要？为什么性会变成一个问题？这才是真正的问题，不是吗？如果我们理解了性这个腐蚀我们生活的问题，我们应该就会理解纯贞为何物。让我们先来看看为什么性在我们的生活中会变成如此重要的元素——一个比财富、金钱等更重要的问题。我们所说的性指的是什么？性指的不仅仅是性行为，还有对性的念想、感觉、期望、逃避——这些都是我们的问题。我们的问题就是感觉，还有想要"更多"的渴望——只看你自己就行了，不要管你的邻居如何。为什么我们的心念中会充满了性？只有爱存在，才会有纯贞，无爱便无纯贞。没有爱，纯贞就只是性欲的另一种表现形式罢了。要变得纯洁，就是要"变得"怎样，就像一个人要"变得"有权有势，"变为"成功的著名律师、政治家等等——这些变化都是同一意义上的。那不是纯洁，而只是一个梦想的最终结果，是与某种欲望持续抗争的后果。所以，我们的问题不是怎样"变得"纯洁，也不是找出达到自由的必要条件，而是要理解我们称之为"性"的这个问题。因为这是一个巨大的问题，而且你不可能通过斥责或是调整的方式处理它。当然，你可以简单地让自己远离性，但是这样一来就会造成其他问题。只有心灵将自己从锚地中释放，我们才会理解"性"这个对我们来说极为重要、令人愉悦，但又极富毁灭性的问题。请务必想清楚，不要将它推置一旁。只要你还被恐惧、传统，或任何一种工作、活动、信仰、观念所束缚，只要你还受制或依赖于这一切，那么你就摆脱不了性这个问题。只有心灵摆脱了恐惧，才会无所谓估量，无所谓穷尽，只有这样这个问题才会归于秩序。到时你便可以简洁有效地解决它，它也不会再是问题了。所以，有了爱，纯贞就不会是问题；生活也不会是问题，我们的生活就是要充满爱，且要全部投入，如果这种变革可以实现，那么呈现在我们面前的将是一个崭新的世界。

斯里兰卡，科伦坡，第二次演讲，1950 年 1 月 1 日
《作品集》第六卷（*Collected Works*，*Vol. VI*），第 56—57 页

一个被规制、被压抑的内心不会懂得什么是爱。

那些试图通过禁欲得到上帝垂怜的人是不纯洁的，因为他们在追寻一种结果，一种获得，用终点和结果代替性——这是恐惧的表现。他们的内心没有爱，因此也没有纯贞，而只要有一颗纯洁的内心便可以发现真实。一个被规制、被压抑的内心不会懂得什么是爱。如果内心被习惯、感觉所控制——不论是宗教、身体或心理上，还是感官的习惯和感觉，这种内心都不会懂得爱为何物。一个理想主义者就是一个模仿者，也因此不会懂得爱。他不可能慷慨到不去想自己，完全放弃自我。只有当头脑和心灵卸下恐惧的包袱，摆脱感觉的习惯；当有了慷慨与悲悯，才会有爱。这种爱就是纯贞。

孟买，第五次演讲，1948 年 2 月 15 日

《作品集》第四卷（*Collected Works*，*Vol. IV*），第 177 页

那些想要压抑、控制、否定自己欲望的努力都会扭曲你的心灵。

我们大多数人一生都在努力，都在挣扎，而这种努力、挣扎、奋斗其实是在分散能量。

人类有史以来，人们就声称要找寻真实或上帝，或是其他人类信奉的神明，于是你必须禁欲，也就是说，你立下守贞的誓言，这一生都要压抑，控制，与自己做斗争来遵守自己的誓约。看看吧，能量就是这样被浪费的！当然如果放纵自己，也是对能量的浪费。而如果你压制自己，能量会浪费得更多。那些想要压抑、控制、否定自己欲望的努力都会扭曲你的心灵，而这种扭曲会使你产生某种严酷的苦行之感。

请听好：观察一下你自己，还有周围的人。观察观察这种浪费能量的斗争——不是性有何意义，也不是实际性行为本身，而是想象中的内容、形象，还有快感，一直想象这些，就是对能量的浪费。而大多数人都是因为否定性，或是立誓守贞，或是不停思考性所以浪费了自己的能量。

孟买，第七次演讲，1965 年 3 月 3 日

《作品集》第十五卷（*Collected Works*，*Vol. XV*），第 89—90 页

如果我的性生活毫无秩序，那么我生活的其他层面也会毫无秩序。所以我不应该问怎样将某一处归于秩序，我应该问为什么我要把生活分割成这么多不同的部分。

问：许多年前，当我刚开始对所谓的"宗教生活"感兴趣时，我下定决心要远离性。我觉得教义是生活最根本的要求，并严格遵守教义，过着极度朴素的禁欲生活。现在我明白了，那种极具压制和暴虐的守节是愚蠢的行为，然而我又不想回到以前的世俗生活。我现在应该怎样对待性呢？

克：为什么当有了欲望，你就不知道怎么做了呢？我来告诉你为什么。因为你坚定的誓言还存留在脑海里。所有宗教都告诉我们要否定性、压制性，因为他们说性是对能量的浪费，而你必须积存能量找到上帝。但是这种节欲，这种严酷的压制和遵循模式残酷伤害了我们其他更美好的本能。这种严酷的节欲行为要比沉溺于性更加浪费能量。

为什么你把性变成一个问题？说实在的，你跟不跟别人上床根本无关紧要。你继续或放弃都行，但就是不要把性变成问题。问题就来自一直以来存有的成见。真正有趣的不是你跟不跟别人上床，而是为什么我们生活会分裂成那么多"碎片"。在某个躁动的角落，存有对性的偏见；另一个角落有另一种困乱，比如说为了达到这样那样的目的而奋斗——

每个角落都有心念不停在说东扯西的声音。能量就是通过诸多此类方式被浪费的。

如果我生活的一个角落无序混乱，那么我整个生活也会无序混乱。如果我的性生活无序混乱，那我其他方面的生活也会一样。所以我不应该问怎样将一个角落归序，而是要问为什么我会将生活分割成这么多不同的部分，这些"部分"本身就混乱不堪，又相互交织。看到这些"碎片"我能怎么样呢？我怎么处理它们？我之所以有这些"碎片"，是因为内心并不完整。如果我深入一个"碎片"中而不引起另一次分裂，如果我仅仅止步于每个"碎片"，那么在这种意识状态中，也就是"看"的状态，就不会再有分割了。每个碎片就是一种快感。我应该问自己是不是今生今世都要困在这些一个个由快感构建的肮脏房间里了。被每种快感、每个"碎片"奴役，然后对自己说：我的神，我将自己交予你，我是所有这些"小角落"的奴隶——难道这就是我的人生吗？你可以继续这样，看看到底会发生什么。

《与生活相遇》（*Meeting Life*），第 61—62 页

第六章

关于婚姻

当婚姻成为一种契约，复杂纠纷就会永无止境。只要关系是以契约、记忆、占有、权威或是统治为基础，关系就不可避免变成一种权利和义务。

如果我们看到整幅画面，不是思想，而是实实在在的行为，那么爱、性和纯贞其实是同一回事。

如果我们用整体的眼光看这件事——我们为爱、为性、为自我放纵或是盟誓与之抗争所做的一切，如果我们看到整幅画面，不是思想，而是实实在在的行为，那么爱、性和纯贞其实是同一回事。它们不是独立存在的。由于关系的分裂，才会造成腐败。性可以像万里无云的蓝天一样纯洁；但是当心念介入，就会乌云密布，天昏地暗。心念说"这是纯洁，而这是放纵"，"这点必须要控制"，或者说"这件事可以做"。所以罪魁祸首是心念，而不是爱、纯贞或是性。

不管是什么样的东西，只要是本真的，就是纯贞的；而本真却不是心念的产物。

《谈话集》（*Conversations*），第 12—13 页

只要有爱，不以自我为中心，亲密关系中的问题就会自然而然得以解决。*

问：我们大多数都结婚了，或者正是由于一些你如此这般"正确"描述的"错误"原因和某人建立一种亲密关系。这样的婚姻或是关系真的可以变成一种积极推动力吗？（笑声）

克：可怜的小伙子！现在，我们该怎样解决这个问题呢？和某人建立关系是什么意思？你可能和某人有亲密无间、身体上的关系，但是我们和别人有过精神上的、发自内心的关系吗？"关系"这个词意味着接触，意味着和他人一起产生一种整体的感觉——不是几个分离的实体走到一起然后感觉像一个整体，而是关系本身带来这种整体特质，带来这种无界分感。这的确是一个相当重要的问题，因为我们大多数的生活都是极度孤立、隔绝且被精心规划的，因此我们不会触及精神层面。而这种关系不可避免会带来冲突、纷乱，还有各种各样的焦虑行为。所以首先，让我们一起来弄清楚我们所说的"关系"是什么意思，不仅仅是这个词的字面意思，而是这个词背后、两个人背后蕴含的意义。

和他人相连接是什么意思？我们有没有和他人产生过深层含义的关系？会不会有那种如深海般无痕的关系？如果我们每一个人都在自己特有的道路上追逐某种欲望、某种野心，那还会有"关系"吗？如果这些欲望和野心都存在，那么你和他人之间还会有这样的关系吗？也许你会说："这些怎么会不存在？对于我们每一个人来说，实现自我，和他人共同开花结果难道不是必要的吗？"存有界分感是什么意思？如果我们每个人都说我们在开花、成长、实现自我的道路上可以相互帮助，快乐同行，那说明这个人还是存有孤立的灵魂。那么，为什么人类的实体、心灵或头脑一直抓住分裂不放呢？

请注意，这是一个非常非常严肃的问题：为什么人类有史以来始终保有孤立、隔绝、分裂、分离的感觉？你是天主教徒，而我是新教徒；你属于这个团体，而他属于另一个团体；我披上紫色法衣，或是黄色法衣，或是戴上花环……而且我们一直如此——我们还口口声声谈论关系、谈论着爱。为什么呢？——请注意，我们是在合作，是在一同探究，我们为什么这么做？我们的传统和教育是有意识地、故意地，还是无意识地这样影响我们？整个宗教结构都维持了你们分隔的状态，比如分隔的灵魂等等。思想本身不就是分隔的吗？你们明白吗？我认为我和你是分开的，我觉得我的行为必须和你区分开，因为我害怕不这样的话我会变成自动机械，行尸走肉，变得只会模仿别人。是思想导致了生活中的这种分裂吗？请一起来研究一下这个问题吧。思想已经把世界分成了不同国家民族：你是英国人，另一个是德国人；我是法国人，而你是俄国人等等。这种分隔是思想造成的。而且思想臆断在这种分隔、分离中会有安全感——属于某个公社，属于同一个团体，信仰同一个上师，信奉上师法令规定的自己的教义，人们会觉得安全，至少有种安全的幻觉。

所以现在我们问：是快感、欢愉的欲望，也就等于是思想的活动将我们分隔开的吗？是这样吗？换句话说，思想完整、完全过吗？因为思想是以知识为基础的，而知识是人们在科学、技术领域或心理上大量积累的经验。我们积累了大量外在和内在的知识，而思想就是知识的产物，可以是记忆、知识或经历。对某方面的知识不可能是完整的，不论是对上帝、对涅槃、对科学，对任何方面的知识。所以，知识必定总有"无知"的阴影时刻相随。请一起看看这个事实吧。所以，当思想进入"关系"的领域，它就必定会创造分隔，因为思想本身就是有限的，是支离破碎的。难道不是这样吗？

如果我们对于这点都清楚了——并不是因为我的解释，而是你们自己发现的，那么在"关系"中知识占有什么地位呢？请注意，这是很重要的问题，不是一个随随便便、模棱两可的命题。我们是在探询知识、经验以及所积累的记忆在关系中的地位。请自己回答这个问题，不要看我。如果我说："我了解我的妻子"——或是其他有亲密关系的人，那么此时我已经把这个人放在我的知识为他或她打造的框架中。所以我的知识导致了分隔。我和我的妻子、丈夫或是女朋友住在一起，我一直在积累关于他们的信息。我记得她或他说过的伤人的话，于是我就把这种记忆构建成形象——干预我与他人关系的形象。对吗？请在自己身上观察观察。而她也在做同样的事情，所以我们问：知识在关系中有什么样的作用？知识是爱吗？也许我了解我妻子，了解她的容貌、她的行为习惯等等——这是相当明显的。但是为什么我要说"我了解她"？当我说"我了解"时，其实我已经限制了我和她的关系。我不知道你们明白了没有：我已经在我和她之间设立了一个障碍，一种隔阂。这意味着我在我和她的关系中变得不负责任了吗？你明白我的问题吗？如果我说"我基本上不了解你"，我是不负责任吗？或者是因为我变得异常敏感——如果我可以用这个词的话，其实这里用"敏感"是错误的；我应该说我很脆弱，我对分隔没有感觉，也没有障碍。

所以如果我有这样的心灵、头脑，或者觉得关系就是一朵花盛开的过程，或是一种运动——关系不是静止的状态，它是活生生的，你不可能将关系放在箱子中，说这是关系，不要把它从那儿挪开，那么现在我们可以问：什么是婚姻？对吗？或者不是婚姻，你可能和另一个人住在一起，是性伴侣，可以手牵着手，谈笑风生，然后去注册登记，或者去天主教堂，或是行基督仪式结合在一起；或者我可以不结婚，只是和另一个人同居。差别就是前者需要我立下负责的誓言，后者则不需要。如果我走进了法定的婚姻，那分开或是离婚时就变得相当困难；而同居就简单很多，我们彼此说完再见就可以各奔东西了。世界上这种事情越来越多。我们不是在斥责什么，我们只是在观察这整个问题：责任，还有感到孩子带来的巨大的负担。在婚姻这一边，你被法律束缚；而另一边你没有这种束缚，即使你有孩子，但总有现成的退路。

那么，这两种情况中所有的关系都仅仅是一种双方相互吸引，对彼此产生的生理反应吗？是好奇，是对他人的渴望感吗？而这种渴望感可能来自潜意识对孤独的恐惧感，或是因为惯有的传统习惯。这两种情况都会变成习惯，而且两种情况都有害怕失去的恐惧，还含有对彼此的占有、性利用，以及其他所有接下去会发生的事情。那么，在两种情况中，重要的是什么呢？——注意，我们是在共同探讨，我不是在告诉你们是非对错。在这两种情况中，什么是重要的、必要的？责任是关键，对吗？我对住在一起的人负有责任。我是个负责的人，不仅仅是对我的妻子，而是对整个世界发生的事情负责。我有责任保证世界上的人民不受残害。

我要负责，我有责任保证没有暴力发生。对吗？

所以虽然传统如此，但是我的责任仅仅是对于一个人，或是对我的家庭、我的孩子而言吗？在西方世界，家庭越来越少了；而在东方，家庭仍旧是中心，家极其重要。为了家庭他们愿意做任何事情，即使是远亲，他们也始终在一起，相互帮助，相互影响。但是在这里，①家庭观念正在逐渐消失。

先生们，你们看，当你深入这个问题，你会发现它很复杂，很重要。如果我有孩子，如果我确实爱他们，有责任感，对他们生活的全部负责，而他们也要终身为我负责。我必须保证他们受到良好的教育，不在战争中牺牲。

所以，所有这些都包含在这个问题中。如果深入研究了，你就会发现，除非你具备爱的特质，否则所有这一切都无关紧要。如果我试着不再以自我为中心，不再与他人隔绝，而且怀有深切的情感，在这种情感中没有依附，没有占有，没有对快感的追求，但是我的妻子却有相反的感觉，那这时我们就有完全不同的问题了。你明白吗？这时问题就变成：我应该怎么做？干脆离开她，逃跑，离婚吗？如果她坚持，我可能不得不这么做。这不是简单几句话就可以回答的问题，这需要双方的内心做大量探询。在探询、探索的过程中，如果没有爱，就不会有明智的行动。只要有爱，一切问题都会各自为自己负责，自然而然得到明智的解决。

英格兰，布洛克伍德公园，1982 年 9 月 2 日

---

① 指英国。——译者注

一个人必须明白怎样与他人生活在一起……没有任何挣扎、适应或调整。

克：当两个人住在一起，是性这种生理活动使他们走到一起，还是因为他们的生活中有爱，在乎对方呢？可能你们比我更了解答案是什么。

问：如果相爱就要结婚吗？男女之间身体上的关系究竟是怎样的？

克：我不知道，你应该知道。多奇怪的问题啊，不是吗？相爱就要结婚吗？你在说什么呢？如果我这样问你，你会怎样回答：女士们先生们，我有必要结婚吗？你的答案会是怎样的？你很可能会回答说：你想干什么就干什么，为什么来问我？你自己决定就好。

但是你知道这个问题其实要复杂得多。我们都想有人相伴，渴望性关系——这是生理必需。而且同时我们又想要一个可以依赖的人，在那个人身上找到安全感、安慰和支持。因为我们大多数人都不能忍受孤寂，不能独立自主，因此我们说："我必须结婚，或者我要找一个朋友，不管怎样，我必须有一个可以陪我待在家里的人。"其实我们从未和任何人一起在家，因为我们只住在自己的思想中，陷在自己的问题、野心中不可自拔。我们害怕独自存活。因为生活太孤单、太复杂、太麻烦，你需要可以说话的人。此外，如果你结婚了，你就会和某人有性关系，有孩子等等。在这种男女关系中，如果没有爱，你们彼此间就是利用关系、剥削关系。这是事实。

所以那个提问者问到的：男女之间身体上的关系是怎样的——你们不知道吗？先生们，这由你们决定。但是想真正进入这个关于"同住"的复杂问题——不单指两个人同居，还包括和所有周围的人相处：你的邻居、你的上司、你的仆人（如果你有仆人的话）、你的父母孩子，这是一件非常复杂的事情。作为一家人住在一起给你一种安全感、保障感，所以你将家庭扩大为群体，扩大到公社、国家、民族，因此总会有分隔和冲突，还有战争。

所以一个人必须要找出怎样与他人住在一起而没有冲突，没有任何挣扎以及任何适应、调整的感觉。这需要很高的智性和完整性。但是我们都恰恰只是因为性，因为生理需求就结婚了，仅此而已。

孟买，1984 年 2 月 9 日

如果你爱你妻子……就不要控制她。

在这个国家，丈夫就是上司，是法律，是主人，因为他们在经济上占统治地位，而且是丈夫决定妻子应该有什么样的义务。由于妻子处于被统治地位而且经济又不独立，所以她们说的话就没有影响力。我们可以从丈夫，或是妻子的角度处理这个问题。如果我们从妻子的角度出发，我们会看到因为她经济上不自由，教育上受限制，或是因为她们的思维能力处于弱势，社会就在她们身上施置了各种行为规则和模式，而这些都是男性所决定的。因此，她们就接受了所谓的男权至上；而且正是因为男性处于统治地位，又经济独立，有能力赚钱，他们就制定法律。很自然，当婚姻成为一种契约，复杂纠纷就会永无止境。接着就会出现义务——个在关系当中没有任何意义的官僚词汇。一旦某个人建立规则，而且开始探询夫妻所具有怎样的义务和权利之时，他就不会止步了。当然，这种关系极其可怕，不是吗？如果丈夫要求行使自己的权利，坚持要一个恭敬顺从的妻子，那么不论这有什么样的意义，他们的关系也显然仅仅是一纸生意合同。理解这个问题非常重要，因为我们肯定必须要找到一个不同方法解决这个问题。只要关系是以契约、记忆、占有、权威或是统治为基础，关系就不可避免变成一种权利和义务。你可以看得到当关系变成了规定是非责任的契约之产物，它就会变得极其复杂。如果我是妻子，而你坚持我履行某些职责，不能独立，自然而然我不得不屈从于你的意愿、你的驾驭。你在妻子身上施置某些规定、权利和义务，因此你们的关系就变成一种契约，并很复杂。

现在，这个问题难道没有另一种处理方法吗？其实，只要有爱，就不存在义务。如果你爱你妻子，和她分享你的一切：你的财产、苦闷、焦虑，你的快乐等等，你就不会居于统治，就不会是"大男子"，她也不会是被呼之即来，挥之则去的女人，不会只是你繁衍后代所用的工具。只要有爱，"义务"这个词便会消失。心中无爱的男人才会满口的"权利"和"义务"，而且在这个国家，义务和权利替代了爱的位子，规定变得比热诚的情感更重要。如果有爱，问题就简单了；没有爱，问题就变得复杂。如果一个人爱他的妻子和孩子，他就不可能以权利和义务来衡量彼此。先生们，检视一下你的内心和头脑吧。我知道你们会一笑了之——这是那些不愿思考之人的惯用戏法：笑笑然后把事情推到一边。你的妻子不为你分担责任，也不能分享你的财富，她拥有的连你的一半都不到，这都是因为你认为女性就是处于劣势，是要放在家里养活，当你欲望需要满足时能够方便拿来利用的性工具。所以你发明了"权利"和"义务"这两个词，而当女人反抗时，你就摆出这些词压制她们。这种谈论着权利和义务的社会是个停滞不前、堕落腐化的社会。如果你确实检视了你的内心和头脑，你会发现你没有爱。

对于一个新社会，一种新文明到来的时代，很显然不应该有男人或女人支配的局面。因为内心的贫乏才会有支配。一旦精神空虚，我们才会想要支配他人，想要咒骂仆人、妻子或丈夫。而毫无疑问，仅仅是情感，仅仅是爱本身的热诚就能带来一种新局面、新文化。内心不是靠头脑来滋养。智性不能滋养内心，但是如果我们了解头脑，爱就随之而来了。"爱"不仅是一个字面的词语，词语并不是所指事物本身，"爱"这个词并不是爱。当我们想要用这个词培养爱，这其实只是我们的头脑在运作。爱不能被培养，但是如果我们意识到词语不是所指的事物本身，那么纵使头脑中存有再多的法律、规定、权利、义务，它也不会再涉足干预了；到时只有一种可能性，那就是我们将会创造出一种新文化、新希望、新世界。

印度浦那，第三次演讲，1948 年 9 月 12 日

《作品集》第五卷（*Collected Works*，*Vol. V*），第 87—88 页

婚姻作为一种习惯，一种对惯有快感的培养方式，其实是一个导致堕落的因素，因为"习惯"中不会有爱。

　　只有很少、很少一部分人有爱，对于这些人，婚姻关系才是有意义的，而且坚不易摧。对他们来说婚姻就不仅仅是习惯或方便，也不是基于生理或是性需要。在这种没有条件、相互交融的爱中，在这样的关系中，就会有补救方法，会有希望。但对于你们大多数来说，婚姻关系并不是交融的。要想使单独的个体相融，你和她都必须了解自己。也就是说，双方都要有爱。但很显然，事实是你们都没有爱。爱是新鲜的，不是单纯的满足感或习惯；爱是无条件的。但你并没有这样对待你的丈夫或妻子，对吗？你们都住在自己的隔绝空间，而且你还习惯于享受有保障的性快感，并觉得理所当然。一个收入有保障的人会怎样？毫无疑问，他会堕落。你没注意到吗？看看一个收入有保障的人，不久你就会发现他的心灵会迅速枯萎。他可能地位很高，声名远播，但同时也远离了人生的欢乐。

　　同样的，你结了婚，有了固定的快感来源，习惯了这样没有理解，没有爱的生活——我不是说你应该怎样，而是要你先看看这个问题，你觉得这样对吗？我的意思不是让你必须抛弃妻子再去追求其他人。我是想问这种关系到底意味着什么？当然，爱就是要和别人交流沟通，但是你和你妻子除了身体上的接触，还有其他交流沟通吗？除了在身体上，你对她还了解什么？她了解你吗？难道你们不是都处在隔绝空间，都在追求自己的兴趣、野心和需要，从彼此身上寻找满足感，寻找经济上或精神上的安全感吗？这样的"关系"其实不是关系，你们是在相互攀附，得到自己在精神上、生理上和经济上的必需。很显然结果就是冲突、痛苦、纠缠、占有欲的恐惧、嫉妒等等。

所以，婚姻作为一种习惯，一种对惯有快感的培养方式，其实是一个导致堕落的因素，因为"习惯"中没有爱。爱不是一种惯性，爱是欢快清新的、极富创造性的。因此，习惯是和爱对立的，但是你被习惯所困，于是自然而然你和别人的这种惯性关系就会死气沉沉。所以，我们再次回到基本的问题，那就是，社会的变革靠的是你们大家，而不是立法系统。通过立法只会对习惯和依循进一步延伸；因此，你作为一个在关系中负责任的个体，应该付诸行动——你必须行动起来，而且只有你的头脑和内心都觉醒了，你才有可能行动。我看到你们有些人点头称是，但很显然事实是你们因为害怕改变所以不想承担这样的责任；你们不想面对发现正确生活方式的大变革。所以问题就会继续存在，你们还继续争吵；而终于有一天当你死去，又会有人哭泣，不是为了别人，而是因为他或她将要面对孤独。你就这样一成不变地继续生活，你觉得作为人类就是要去立法，居于高位，谈论上帝，找出停止战争的方法等等。如果你没有解决最根本的问题，这些都毫无意义。

印度新德里，第三次演讲，1948 年 12 月 19 日

《作品集》第五卷（*Collected Works*，*Vol. V*），第 175—176 页

对"关系"的误解，导致亲密关系中的痛苦和冲突。*

问：如果两个人的关系充满冲突和痛苦，他们能解决这种冲突和痛苦吗？还是他们必须结束这段关系？我们有没有必要为了彼此良好的关系而改变自己？

克：我希望我们把问题弄清楚。是什么导致了关系中的痛苦、冲突，导致关系中的一切问题？其根源是什么？请注意，想要回答这些问题，我们必须一同思考。我不是在为你们解答，让你们接收、接受或是反对，我们是在一起探询这些问题。这个问题关系到整个人类，不论是东方世界，还是在美国这里。这确实是关系到绝大多数人的问题。很显然，两个人住在一起，一男一女，虽感觉彼此关系深切，但不可能不发生冲突，不可能没有痛苦，没有不平等。你们问为什么，可能有多方面的原因，比如说性，彼此不同的性情、感觉、信仰、抱负等等。造成这种不和谐关系的原因可能有很多。但造成我们彼此冲突的真正根源是什么？在我们心中埋藏有多深？我认为这个问题很重要，而且不要等着从某个人，比如说从我这里得到答案，你们要将这个问题放起来，耐心地等待，不轻易下结论，让问题自己生根发芽，开花结果。我不知道你们有没有体会到这种感觉。

我会问自己为什么，如果我和一个女人结婚或同居，为什么我们之间会有这种基本的冲突？我可能会给出一个肤浅的答案：因为她是罗马天主教徒，而我是新教徒等诸如此类的理由。这些都是肤浅的理由，而我想要找到的是深层次的根源，两个人发生冲突的深层根源。我将问题放下，等待问题自己开花，自己呈现出错综复杂的来龙去脉、前因后果。为此，我必须有点儿耐性，对吗？我需要等待、观察、觉悟，让问题自己展开。当它慢慢展开，我也就能渐渐看到答案了。不是我想要答案，而是问题自己开始揭开面纱，向我呈现两人之间极其复杂的种种——可能是相互喜爱，相互吸引的两个人。当他们还年轻的时候就卷入了性爱，而等他们再大了一些之后就开始对彼此厌倦，于是渐渐通过接触另一个人逃离这种厌倦，之后就有了离婚，还有你所知的接下来发生的一切。但是他们在另一个人身上发现了同样的问题。所以我必须有耐性。我所说的"耐性"就是不要让时间发挥作用。我不知道你有没有想过耐心和不耐心的问题。

我们大多数人都相当没有耐性。我们希望问题能够立即得到解答，或是希望立刻从中摆脱，又或是立刻开始着手解决。所以我们对问题很没有耐性。因为缺乏耐性，我们不能深入理解这个问题。而如果我有耐性——不是时间上的耐性，我就不会期望问题结束；我会注视、观察这个问题，让它自己发展、成长。所以正是因为有这种耐性，我开始逐渐发现深埋的答案。对吗？让我们一起来试试。我们现在想：我们很耐心，不想要立刻得到答案，于是我们可以敞开心灵、大脑去观察，并能意识到问题所在和问题的复杂性。对吗？我们尝试着——不，我不该用"尝试"这个词，我们就是在渗入这个问题：为什么两个住在一起的人会不可避免发生冲突？这种冲突的根源是什么？我和她有怎样的关系？我和其他人呢？我们的关系肤浅吗？也就是说，我们是因为异性相吸，对彼此好奇、兴奋，还有其他肤浅的感官反应才走到一起的吗？我意识到了这些反应很肤浅，而且只要还停留在肤浅的层面寻找答案，我就永远不会看到问题的深邃。所以，我现在摆脱这些肤浅的反应，还有这些肤浅反应所制造出的问题了吗？我有没有摆脱肤浅的解决问题的方式？你们跟得上我的思路吗？

我已明白我不要肤浅的答案。因此，我现在问的这个问题其根源到底是什么？是教育吗？是因为作为人类，我就想要控制他人、占有他人的想法吗？我深陷其中不可自拔了吗？我有没有明白这样依赖又被束缚，肯定会导致自我堕落？堕落这里指的是嫉妒、焦虑、恐惧——你们非常清楚依赖他人的后果，依赖就是这个问题的原因吗？或者有更深层次的原因？我说过，首先是肤浅的，然后是情绪上的依赖，之后是感情、感觉上和爱意的依靠。如果我摒弃这种肤浅的情绪走向，那么还会有更深层的问题吗？你们明白吗？我们脱离肤浅的层次，沉下来，深一些，再深一些，这样我们才能自己找到问题的根源。我希望你们正在这样做。

那么，我怎样才能找到这个问题的根源？你怎么找到它？你是不是想要一个答案，希望找到这个问题的根源，然后就为此付出巨大的努力？还是你想要找到它，所以你的心灵、你的头脑变得安静？仅仅是"看"，不是激动，也不是欲望、意愿的活动，只是注视而已。我们是在一同这样做吗？仅仅是"看"，观察人与人之间冲突的深层根源，或是深层原因和基础。这意味着个体之间相互隔离了吗？注意，我们要很小心地对待这个问题。从根本上来说，我和他人是分离的，这就代表我有个人观念吗？从生物学角度来讲，我们彼此相异，但是除此以外我们还有根深蒂固的个人独有的行为思想——这是问题的根源吗？或者还有一个更深的根源、更深的层次？你们明白吗？你们跟上我的思路了吗？我们仍在一起探询吧？首先是感官上的反应，然后是情感上的、爱意的敏感反应，之后是依赖，还有依赖带来的一系列的堕落行为，是这样吗？还是因为你心灵最深处被束缚，大脑就告诉自己："我是一个个体，他、她也都是个体，我们是分裂的实体；每个人都必须实现自己的价值，分裂也因此是基本的状态。"是这样吗？分裂是基本状态吗？还是因为一直以来我受的教育就是：我是个体，她也是，我们必须在各自的道路上实现自我？所以，我们从最开始就已经朝着不同的方向出发。我们可能平行着奔跑，但永远不可能相交，就像铁轨的两条平行线。而我所做的一切就是想要和他人交汇，试图和谐地生活，并为此苦苦挣扎："噢，亲爱的，你太好了"——你明白吗？这样重复，一次又一次，但是你们从不会真正交汇。对吗？

所以，如果这就是原因，是问题的根源——很显然看起来是这样，那么个体以分隔状态存在是事实吗？还是这种状态是我们的一种错觉，而且是我们一直以来不断培养、珍惜、坚信，却没有事实根据的一种错觉？如果它没有事实根据，我就相当绝对、义无反顾地确定这是种幻象，而且要问：大脑能否打破这种幻象，从而意识到我们所有人类其实在心理上是相同的？你明白吗？我的意识也就是所有人的意识；虽然生理上我们不同，但精神上，我们所有人类具有相同的意识。如果我曾经认识到了这一点，不是从智性上认识，而是深刻到内心，到血液，到本能地认识到这一点，那么我和他人的关系就会有天翻地覆的变化。对吗？这是一定的。

现在，提问的人问了：我们处在冲突之中，我们必须结束它吗？如果我们彼此整日处在战争中，就像大多数人在挣扎、冲突中那样——你知道，那种痛苦，那种愤恨与反感，我们一直忍受到极限，直到不得不分开的那一刻。我们都对此不陌生。越来越多的人选择离婚。而提问者问道：我们应该怎么办？如果我永无休止地和妻子或是某人处在冲突之中，而且无法调停，这段关系就必须要结束吗？或者是，我对这种分裂，这种冲突——也就是个体分离的感觉——有最基本的了解吗？看到了它虚幻本质，我因此不再追寻自我的路线了吗？那么如果我察觉到了这一点，而且保持这种状态——不是口头说说而已，而是真正保持，之后会发生什么？我和那个人的关系，或是和那个仍旧以个体自居的女人之间的关系会怎样？你明白我的问题吗？

　　这个问题其实很有趣。让我们深入探询一下：我看到了，或是她看到了——最好用"她"，她看到了"个体"概念有多愚蠢、荒谬，还有其虚幻本质。她明白了，感觉到了，而我却没有明白，因为我是男人，我更加雄心勃勃，有更强的操纵欲等等所有男性惯有特点。那我们之间会发生什么？她理解了"个体"的本质，而我还没有。她从不会和我争吵。对吗？她根本不会涉足冲突，而我却不停地将她向冲突的方向推、拉、驱使。是我制造了冲突，不是她。你明白事情的原委了吗？这些你都明白吗？事情就是这样进行着，现在不是两个人的争吵，而是一个人的独角戏。看看到底会发生什么。而我，如果我还有感知，如果还爱着她，我就也会开始改变自己，因为她已不可能重蹈覆辙。你明白吗？她不会再从那种状态走出来。看看之后会发生什么。如果两块儿顽石相遇便肯定会有冲突。我不知道你是否明白这一点。但是如果一个人是机动的，比如说女方，而我也是机动的，那我就会自然而然让步于另一个机动体。对吗？我不知道你们是否已经明白了。这点其实很简单。

所以如果一个人真正理解了关系——不怀有任何我们之前所说过的形象，那么这个问题就解决了。如此一来，她用她的存在、她真实的活力就可以改变我、帮助我。这就是答案。明白了吗？

瑞士，萨能，1981 年 7 月 31 日

《关于关系》（*On Relationship*），第 5—9 页

你能够爱上某人而又不会陷入占有的关系之中吗？

问：一对男女住在一起，发生性关系，有了孩子，在这种关系中，有没有可能不出现混乱、痛苦、冲突？双方有没有可能还保有自由？我说"自由"的意思并不是丈夫或妻子还随时能和其他人发生关系。人们通常是因为相恋才相处、结婚的，在这个过程当中，有欲望、选择、快感、占有，还有强烈的驱动力。这种"坠入爱河"从本质上来讲从一开始就埋下了很多冲突的种子。

克：是吗？都是这种情况吗？我对此非常怀疑。你能否爱上某人且你们之间不是占有与被占有的关系？我爱上了某人，她也爱我，于是我们就结婚了。（我说结婚意思就是我们也住在一起——不要玩儿文字游戏。）——这非常直接、简单，并且根本没有冲突。你们之间能否仅仅是相恋结婚，而不发生接下来的种种？相爱的两个人能否保持明智、敏感，使彼此不失自由且回避制造冲突的"中心"呢？冲突并不是相爱中的一种感觉；爱的感觉完全不会有冲突，爱也不会消耗能量。消耗能量的是随后发生的种种——嫉妒、占有、疑虑、怀疑、害怕失去爱的恐惧感，还有持续对慰藉和安全感的需求。当然，在同你的爱人的性关系中，倘若没有这些梦魇相随，那么冲突肯定可以被回避。这当然可以。

《与生活相遇》（*Meeting Life*），第 63—64 页

第七章

什么是爱?

我不需要问什么是爱,也不需要追逐它。如果我追逐它,它就不是爱,而是一种回报了。我小心谨慎、不带任何扭曲或错觉地排除和终结探询中所有的非爱,剩下的就是爱。

爱中没有依赖，有依赖就没有爱。否定依赖，排除非爱，剩下的就是爱。*

我意识到爱不可能与嫉妒共存，也不能与依赖共存。那么我能不能摆脱妒忌和依赖呢？我意识到我没有爱——这是个事实。我不会自欺欺人，也不会在我妻子面前假装我爱她。我根本就不知道什么是爱。但我知道自己有妒忌感而且我很依恋她，伴随依恋而来的还有恐惧、嫉妒、忧虑以及依赖感。虽然我不喜欢依赖别人，可是我孤独，所以心生依赖。在办公室里、在工厂里，我被呼来唤去，所以我回到家的时候想要舒适些，想要有人陪伴，想要逃避自己。所以现在我问自己：我真的能抛开这种依赖吗？我这样说只是举个例子。

刚开始我想要逃避这个问题，因为我不知道探询下去我妻子会怎么想。如果我不再依恋她，我们之间的关系可能会发生改变：也许她会依恋我而我不会再依恋她或任何其他女性。但我会继续探询这个问题。我不会逃避完全抛开所有依赖有可能带来的任何后果。我不知道爱到底是什么，但是我很清楚、肯定并且毫不怀疑地知道，依恋我的妻子就意味着嫉妒、占有、恐惧、忧虑，而我想要抛开所有这些。所以我开始探询，想要寻找一种方法，结果却陷入一种体系之中。某个上师会说："我会帮助你摆脱依赖，教你做什么，练习什么。"我接受他所说的话，因为我看到解脱的重要性，而且他向我保证如果按照他说的做我会获得回报。我意识到自己有多愚蠢：想要解脱却又依赖某种回报。

我不想有依赖，然而我却发现自己恰恰依赖一种想法：想着某个人、某本书或者某种方法能让我摆脱依赖获得自由。因此回报本身就变成依赖。于是我说："看看我都做了什么；当心，千万不要也陷入这个圈套之中。"不管换成是女人、是方法，还是一种概念，这都是依赖。我现在非常小心，因为我学到了一点：不要拿依赖换依赖。

我问自己："我要做些什么才能完全摆脱依赖？"我这种想法的动机是什么？难道不是因为我想要达到没有依赖、没有恐惧等的境界吗？而我突然发现：动机带来方向，而方向决定我的自由。为什么需要动机？动机是什么？动机就是一种想要达到某个目标的希望或欲望。我明白我对动机有依赖。不只是我的妻子、我的念头或是方法，就连我的动机也变成了我的依赖！所以，我其实一直都在依赖中徘徊——我的妻子、我的方法，还有将来达成某个目标的动机。我依赖于所有这些。我明白这是个极其复杂的概念，我当时并没有意识到要摆脱依赖意味着这些。而现在，我区分这类问题就像区分地图上的公路、小道和村庄一样清晰明了，我看得非常清楚。然后我问自己："我现在可以完全摆脱我对我妻子的依赖了吗？不再依赖于我认为自己会获得的回报了吗？我摆脱对动机的依赖了吗？"所有这些我都依赖，为什么？是因为我本身的不足吗？还是因为我极其孤独所以试图摆脱孤立的感觉，所以我必须像要握住什么一样借助于一个女人、一种概念或者一个动机？我认为：是因为我很孤独，所以要通过依赖来逃避这种极其孤立的感觉。

所以我很好奇，想要理解我为什么会感觉孤独，因为这是我产生依赖的原因。这种孤独迫使我通过依赖避于他境，只要我还孤独，这种因果关联就不会改变。孤独对一个人意味着什么？它是怎么来的呢？它是本能的、遗传的，还是我日常行为所致？如果是出于本能或是遗传，那么它是我该承担的，我没有什么可抱怨的。但既然我并不接受这个答案，我就会一直对此持有怀疑。我在观察，可我并不是在试着找到一个知性的答案。我也不会试图告诉孤独它该做什么或者它是什么。我在等着它自己告诉我答案。我们要警觉，孤独才会显露出本性。如果我逃避、害怕或是抗拒，它都不会显露自己。所以我要观察着它，不让任何思想活动干扰它。观察比思想活动要重要得多。更何况我所有的精力都放在观察孤独之中，思想根本不会介入。此时心智正被挑战，也必须回应。被挑战也就意味着心智处于危机之中。而在危机之中你获得极大的能量，这种能量不被思想所干扰。这种挑战是必须回应的。

我刚开始是和自己对话。我问自己，"爱"这个奇怪的东西到底为何物？为什么所有人都在谈论它、描写它，有各种浪漫的诗歌、图画，还有对性等等各个方面的描写？我不明白："爱"这种东西真的存在吗？因为我发现当嫉妒、仇恨、恐惧存在的时候爱便不可能出现。所以我不再考虑爱了，我转而注意真正存在的东西：我的恐惧和我的依赖。我为什么有依赖感？我知道其中一个原因——当然不是全部原因——是因为我已经孤独和孤立到了不可救药的地步。随着年岁增加这种孤立也在增强。所以我关注它。弄明白这个问题是一种挑战，而正是因为这是种挑战，所有的能量都为我所用。这很简单。如果发生了某种灾难或者意外，挑战就出现了，而我将拥有面对它的能量。我根本不需要问："我怎么样才能获得这种能量？"当房子着火的时候我有能量离开。我不会舒舒服服地坐下来，告诉自己"嗯，我要获得这种能量"，然后就等在那里，到那时候整座房子都烧着了。

所以，我们现在有极大的能量来回答这个问题：为什么会有这样的孤独感？我已经否定了那些宣称孤独感是本能或者是遗传的观点、假设和理论。那些对我来说毫无意义，孤独就是一种事实。有知的人们怎么全都会或深或浅地经历这种孤独感？它到底是怎么出现的？难道是心智的某些活动使它产生的吗？我已经推翻了本性论和继承论，我接下去又问：真的是我们的心智、我们的大脑本身带来这些孤独，这种完全的孤立？是思想活动造成的吗？是我日常生活中的思想创造了这种孤立感吗？在办公室，我为了要成为高级主管而将自己与他人孤立，所以思想不停运作来达到这一目的。我明白思想每时每刻都在试图让自己更出众，心智也正在努力向着孤立奋斗。

所以问题就变成了：为什么思想要这么做？是否思想的天性使然要为自己工作？是否也是天性使然要创造这种孤立？教育也会带来这种孤立，因为教育使我从事某种工作，有某种专长，这也就意味着孤立。而片面、局限且与时间绑定的思想也在创造这种孤立。在这种孤立之中，思想找到一种安全感，即"我有个特殊的职业；我是个教授，所以我很安全"。那么我的问题就来了：为什么思想要这么做？是它的本性决定的吗？要知道思想的任何活动都是有限的。

现在的问题是：思想能否意识到它所有的活动都是，也都将是有限、片面且孤立的呢？这是很重要的一点：思想能否意识到自己的局限性？还是该由我指出？我认为理解这点很重要，这是问题的本质。如果思想意识到自己有限，那么就不会有抗拒和冲突，它会说："我就是这样的。"

但如果是我告诉思想它是有限的，那么我就和这种局限性有了界分，我就会努力克服这种局限性。这样就带来了冲突和暴力，而不是爱。

那么思想能意识到自己的局限吗？我必须要找出答案，因为我正在被挑战。正因为我被挑战了，所以我有极大的能量。换句话说：觉悟能意识到它的内容就是它本身吗？还是因为我听到某人说"觉悟就是它本身的内容，它的内容组成了觉悟"，所以我才说"哦，原来如此"？你发现两者之间的不同了吗？后者由思想产生，是由"本我"强加的。如果我把什么东西强加于思想之上，就会有冲突。就像某个暴权强加于人民身上一样，只不过暴权是由"我"创造的。

所以我问自己：思想意识到自己的局限性了吗？还是它装出了一种非凡高贵且又神圣的表象？这当然不可能，因为思想是基于记忆之上的。我发现这个问题需要澄清一下：没有任何外界因素强加于思想上导致它有局限。而既然没有强加，就没有冲突；思想直接会认识到自己的局限性，它认识到不管做什么——诸如崇拜上帝等等——都是局限、虚假、狭隘的，即使它在欧洲创造了非凡的大教堂来供人们崇拜。

我曾经在与自己的对话中发现孤独感是由思想产生的。思想既然已经认识到自己的局限，便不能解答孤独感的问题了。而如果它无法解决这个问题，那么孤独真的存在吗？思想创造出了孤独和空虚的感觉，因为思想本身是局限、片面和分隔的。而当思想认识到这一点，孤独感就不复存在了，这样也就摆脱了依赖感。我什么都没做，我仅仅是观察了这种依赖，以及它所包含的贪婪、恐惧、孤独等等，通过追溯它、观察它，而不是分析它——只是去看，仔细地看，就会发现是思想创造了这一切。是思想的片面性带来了这种依赖。当思想意识到这一点时，依赖将不再存在。这些过程没有任何努力成分，因为一旦努力出现，冲突也就随之而来。

爱中没有依赖，有依赖就没有爱。通过否定依赖，排除非爱，就会移除一些关键障碍因素。我现在明白在我日常生活中这就意味着要忘记所有我妻子、女友或者邻居所做的伤害我的事；不依赖于思想形成的任何关于"她"的形象——她是怎么欺侮我，给予我安慰和性快感的，对于这些思想活动创出的不同形象都没有依赖了。

当然还有别的因素，而我需要一步步、一个个地检查吗？还是说它们已经结束了？我需要检查，需要调查吗？就像我调查依赖、恐惧、快感和对安慰的渴望那样？我发现自己不再需要调查这些不同的因素了，因为我一眼便能看透它们。

所以，通过对"非爱"的否定排除便可得到爱。我不需要问什么是爱，也不需要追逐它。如果我追逐它，它就不是爱，而是一种回报了。我小心谨慎、不带任何扭曲或错觉地排除和终结探询中所有的非爱，剩下的就是爱。

英国，布洛克伍德公园，1977 年 8 月 30 日

《与自我的对话》（*A Dialogue with Oneself*），第 3—9 页

第八章

关系中的爱

虽然我们盼望着关系能变得固定、持久和延续，关系始终是一种运动，一种需要深刻和完全理解的过程，不应该屈于符合某种内部或外部的模式。

最大的难题是怎样才能普遍且深刻地认识到，心智是不能带来理想的爱的。

要毁掉我们所爱的东西是多么的容易！仅仅是因为一句话、一个手势、一丝笑意，我们之间便能产生隔阂！健康状况、情绪和欲望在心里布下阴影，于是曾经明亮的事物变得晦暗和难以承受；我们在不停地利用中消磨自己，于是曾经的机敏和清晰也变得乏味又令人困惑；在不停地抵触、希望和挫折之中，曾经美丽单纯的事物又变得狰狞且有目的性。关系复杂且难处，极少有人能明哲保身而毫发无伤。虽然我们盼望着关系能变得固定、持久和延续，关系始终是一种运动，一种需要深刻和完全理解的过程，不应该屈于符合某种内部或外部的模式。只有当爱存在时，推崇遵奉的这种社会结构才会失去其分量和权力。关系中爱的存在是一种净化过程，因为它揭示了自我的方向。少了这种揭示，关系几乎没有意义。

但我们却在反抗这种揭示！反抗有许多种：支配或者屈从，恐惧或者希望，妒忌或者接受等等都是在反抗。麻烦的是我们不爱，而既然不爱我们就希望它以某种特别的方式起作用，不给予它自由。我们用心智而不是内心去爱。心智可以自我调整，但是爱不能；心智可以使自己避免伤害，但爱却不能；心智可以随时抽身而退，或是独断专行，也会有个人和非个人之分，爱却不是可以对比或者被圈点的。我们的麻烦就出在这个叫作"爱"，而其实是心智的活动里。我们用头脑里的东西充斥心灵而使得我们的心灵空虚，充满期待。是头脑紧握不放，去嫉妒、拥有、毁灭。我们的生活受身体中枢和头脑所支配。我们不会止于付出爱，我们也渴望着被爱。我们付出是为了得到回报，这种付出是头脑，而不是内心的慷慨行为。头脑不断寻求确定性和安全感，而爱能被头脑定性吗？本质蕴于时间的头脑，能把握住爱这一本身永恒的存在吗？

但即使由心而生的爱也有它自己的诡秘圈套，因为我们已经腐蚀了自己的内心，让它变得犹豫且困惑。这也是生活痛苦和乏味的原因。前一秒钟我们还以为自己有爱，但马上就失去了：有一种无法估量的力量，不是由头脑，而是由某种无法估测的源头产生——这种力量也被头脑所毁坏，似乎在这场争斗中头脑总会是赢家。这种自我的冲突不能被圆滑的头脑或者犹豫的心灵解决。没有任何方法或途径可以使这种冲突结束。其实找寻一种解决途径本身就是另一种想要头脑做主的冲动，是想要放下冲突，变得更加平和，想要有爱，想要成为某些人物。

我们最大的难题是怎么样才能普遍且深刻地认识到心智是不能带来理想的爱的。只有真正深刻明白这一点，才有可能体会到这种无界的爱。没有这种体验，不管你做什么，都不会在关系中得到永久的快乐。如果你收到了这种祝福而我没有，显然我们两个之间就有了冲突。也许你不会察觉到，但是我会；痛苦与悲伤下我切断自己与外界的联系。悲伤与快感一样都是排外的，所以在不为我所左右的爱出现之前，关系中只有痛苦。如果爱的福佑存在，那么不管我怎么样，你都会爱我，因为那时你不会因为我的举动而为爱塑型。

不管头脑玩什么把戏，你和我都是分开的；也许我们会偶有联系，但你我并不和谐，和谐的只是我与我自己。这种和谐不是头脑随时能带来的；只有头脑完全静止，才能挣脱缰绳的束缚。只有到那时，关系中才不会有痛苦。

　　《生命的注释 I》(*Commentaries on Living, Series I*)，第 40—42 页

思考不会带来爱。

如果你观察了，你就会发现使我们在关系中自我变质的就是"想"：想、思考、计算、评判、衡量、调整自己；能使我们从中摆脱的就是爱，而不是思考的过程。你不能"想"爱。你可以想你爱的人，但你不能去思考爱。

印度，巴那拉斯，第三次演讲，1949 年 2 月 6 日

《作品集》第五卷（*Collected Works*，*Vol. V*），第 197 页

我们不懂爱为何物……

我们不懂什么是爱；我们了解快感；我们还了解性欲，了解由性欲产生的快感，还有由心念和悲伤遮盖、转瞬即逝的欢愉。我们不明白"爱"意味着什么。爱不是记忆，不是一个词语，也不是给你提供快感的永动机。你也许和某人建立了关系，你可能会说，"我爱我妻子"，但其实你并没有爱。如果你真的爱你妻子，就不会有嫉妒、控制和依赖。

我们不懂爱为何物，因为我们不明白什么是"美"——蔼蔼落日，哭泣孩童，飞鸟划空，缤纷余晖，都自得其"美"。而你对此却熟视无睹，毫不敏感。因此，你同样对生命不敏感。

孟买，第五次演讲，1964 年 2 月 23 日

《作品集》第十四卷（*Collected Works*，*Vol. XIV*），第 153 页

爱是永恒的吗？

一旦体验过快感，我们就会想要更多，而且想要在快感中得到一种安全感。如果我们爱某个人，我们会希望这份爱是有回报的，而且会试着建立一种至少我们希望是永恒的关系。整个社会都以这种关系为基础。但有没有什么东西是永恒的？有吗？爱是永恒的吗？我们一直以来的欲望就是想让感觉永恒，不是吗？然而，此时不可能永恒的"爱"也就与我们擦肩而过了。

伦敦，第四次演讲，1961 年 5 月 9 日

《作品集》第七卷（*Collected Works, Vol. VII*），第 134 页

爱的状态不是过去的，也不是将来的。

我怀疑你们是否曾经考虑过爱的本质。"爱"是一回事，"爱过"是另一回事。爱是没有时间性的。你不能说"我爱了"——这是毫无意义的。这时的爱已死去，你也根本没有爱：爱的状态不是过去的，也不是将来的。同样，知识是一回事，认知的行为是另一回事。知识是有约束的，而认知行为却没有约束。

就跟着你的感觉走进这个问题，不要接受它或否定它。你们知道，知识有时间性，受时间约束，而认知行为却无所谓时间。如果我想了解爱的本质，了解冥想、死亡的本质，我就不能接受或是否定任何事物。我的头脑必须处在一种探询的状态，而不是置疑的状态，这也就意味着不能受过去的束缚。处在认知行为状态中的头脑是不受时间束缚的，因为在这个过程中不存在积累。

孟买，第三次演讲，1959 年 12 月 30 日

《作品集》第六卷（*Collected Works, Vol. VI*），第 269 页

如果你爱某人，就不会有男女之间的二元对立。

　　爱不是心智的活动，但是因为我们要不断培养心智，我们就用"爱"这个词布满头脑的领地。毫无疑问，爱与心智没有任何关系，爱不是心智的产物；爱和计算、思想都毫无关系。如果没有爱，那么作为一种制度，婚姻这个框框就变得很有必要了。如果有爱，性就不是问题；正是因为没有爱的存在，才把性变成了一个问题。你难道不明白吗？如果你真正深爱一个人——不是头脑中的爱，而是真正发自内心的爱，你和他或她分享你拥有的一切，不仅仅是你的身体，而是你的一切。你遇到困难，向她求助，然后她就帮助你。如果你爱某人，就不会有男女之间的二元对立，但如果你不了解那份爱，性就会是你的问题。我们只知道头脑中的"爱"，思想产出的这种"爱"，而思想的产物始终是思想，并不会是爱。

　　　　　　　　印度，浦那，第四次演讲，1948 年 9 月 19 日
　　　　　　《作品集》第五卷（*Collected Works, Vol. V*），第 99 页

当我们了解了自身全部的运作过程，爱便会出现。

问：您谈过建立在利用他人满足自己之上的关系，而且您还多次提过有种叫"爱"的状态。您所说的"爱"到底意味着什么？

克：我们都知道我们的关系是怎样的：相互满足，相互利用，虽然我们口口声声称之为爱。在这种利用中，我们存有对利用对象的敏感和保护意识。我们维护自己的边界，自己的书籍、财产；同样地，我们用心保护自己的妻子、家庭、我们的社会，因为没有他们我们会孤独，会迷茫。没有孩子，父母会觉得寂寞；你不能实现的，孩子会实现，所以孩子成为你虚荣的工具。我们很清楚这种需要和利用的关系。我们需要邮递员，他同样需要我们，然而我们并不说我们爱邮递员。但是我们确实声称爱我们的妻子和孩子，即使只是利用他们满足一己私欲，而且愿意为了虚伪的所谓的爱国主义牺牲他们。我们很清楚这个过程，而且很显然，这不可能是爱。利用、剥削，然后再觉得抱歉——这不是爱，因为爱不是心智的产物。

现在，让我们来亲身体验和发现什么是爱——"发现"并不只是口头说说，而是真真正正经历那种状态。当我作为上师为你所用，而你作为门徒为我所用，我们就是在相互剥削。同样，如果你利用你的妻子和孩子达到更进一步的目的，这也是剥削。毫无疑问，那不是爱。有利用就会有占有；占有无一例外会滋生恐惧，有了恐惧，接下来就是嫉妒、怀疑。只要有利用，就不会有爱，因为爱不是心智上的。"想"一个人并不代表你就"爱"那个人。只有那个人不在你身边，当他死了，离开了，或是他没有给你想要的，你才会去想他。此时你内在的不满足感启动了你的心智运作。而当那个人在你身边，你不会去想他；当他离你很近，对你来说想他就是一种干扰，你把他当作理所当然的——他就在那儿。习惯是一种忘记的方法，还可以使你在平静中不受纷扰。所以，利用必然会导致麻木迟钝，这不是爱。

利用他人是思想遮掩内心不满足感的手段，不管是积极的还是消极的，如果没有这种"利用"，会是什么样的局面？如果没有满足感，又会怎样？追寻满足感正是心智的本质。性是心智创造、描绘出来的感觉，然后就看心智行动不行动了。感觉由思想运行而生，感觉不是爱。当心智处于统治地位，且思想活动占重要地位时，爱就不会存在。所有利用、思考、想象、把握、攀附、否定的过程都是云烟雾障，当烟雾散去，真爱之焰才会燃烧。有时候我们确实光焰照人——富有、充实、完整；火焰中没有距离感，无所谓数量、公私，但由于我们不能长期在这种火焰中生活，烟雾便又回来了。我们大多数人都偶尔尝到过爱的清香，爱的娇嫩；但是这些烟雾——利用、习惯、嫉妒、占有、契约、毁约等等——对我们来说都已变得很重要，因此真爱之焰也就不复存在了。有烟雾就不会有火焰，但如果我们理解了"利用"的真相，火焰便会点燃。我们利用他人，是因为我们内心贫乏、不足、卑鄙、渺小、孤独，而且我们希望通过利用别人自我逃避。同样，我们利用上帝也是为了逃避。对上帝的爱并不是对真理的爱。你不能"爱"真理；爱真理只不过是你利用它得到其他你所熟知的东西，因此你总会有个人恐惧，害怕失去你已知的东西。

当你的思绪归于静止，从寻找满足、不断逃避中解脱出来之时，你就会明白爱为何物了。首先，思绪必须完全停止。如果生活仅仅是通向某种事物的途径，怎会有爱？当思绪自然安静的时候——不是人为使之安静，当头脑明辨是非且不为之所动，爱才会出现。当头脑静止，就是爱，而非知识在活动了。知识仅仅是经历，而经历不是爱。经历不会懂得什么是爱。当我们了解自身全部的运作过程，爱就会出现了，而且了解自我就是智慧的开端。

马德拉斯，第三次演讲，1950 年 2 月 5 日
《作品集》第六卷（*Collected Works, Vol. VI*），第 42—43 页

只有在关系中你才会如花般绽放。

只有在关系中你才能绽放；你只能在爱中开花，而不是在竞争中。但是我们的内心枯萎；我们用头脑中的东西填满我们的内心，又寄希望于他人用其所创造出的东西来填充我们的头脑。由于我们没有爱，所以我们试着从老师、从别人那里找到爱。而爱不是可以找得到的。你不可能买到爱，也不能做爱的祭品。只有在无我的境界爱才会出现；而只要你还在追寻满足感，想要逃避，不想弄明白你在关系当中的困惑，你就仅仅是在强调自我，也因此否定了爱。

巴那拉斯，第二次演讲，1949 年 1 月 23 日

《作品集》第五卷（*Collected Works, Vol. V*），第 194 页

我意识到自己有爱的那一刻，自我活动出现，于是这就不再是爱了。

现在，我们的问题当然就是：心智有没有可能经历、拥有那种状态，不是暂时的，也不是偶尔的——我不想用"持续的"或是"永恒的"，因为这样一来便是对时间的一种暗示，有没有可能拥有那种状态，无所谓时间地处于那种状态？当然，对我们每个人来说这都是一个重要发现，因为它开启了通往爱之门；其他的门都是通往自我活动。只要有自我的行为，就不会有爱。爱不存在时间性。你不能练习爱。如果你这样做了，那就是"我"的自我意识活动，这个"我"希望通过生活得到一种结果。

所以，爱没有时间性。你不能通过任何意识的努力，通过任何训导、辨识这些时间运作的过程得到爱。只认得时间的心智是不会认出爱的。爱是唯一永远崭新的东西。由于我们大多数都在培养心智这个时间的载体，这个时间的产物，所以我们不懂得爱是什么。我们谈论着爱；我们说我们爱人民，爱我们的孩子，我们的妻子、邻居；我们说我们爱大自然；但是要知道我意识到自己有爱的那一刻，自我活动就会开始，于是爱也就停止了。

只有通过关系，我们才会了解心智的整个过程——和自然的关系、和他人的关系、和自我影像以及世间万物的关系。事实上，生活不是别的，就是关系。尽管我们可能试图把自己从关系中隔离出来，但我们不可能离开关系而生存；尽管关系中有种种痛苦，我们想要从中逃脱，去当隐士等等，但我们不可能逃得掉。所有这些方法都是自我活动的表现。看到整个画面，意识到时间整个运作过程，不去选择，不加任何决定性、目的性的意向，没有寻求结果的欲望，你就会发现时间的进程会自动停止，不用去引导，也不是欲望的结果。只有在这种情况下时间才会停止运作，永新的爱才会出现。

马德拉斯，第十二次演讲，1952 年 2 月 10 日

《作品集》第六卷（*Collected Works, Vol. VI*），第 322—323 页

爱是不分"你""我"的。

只有在头脑宁静的时候才会了解爱，而且那种宁静的状态不是可以培养的。培养本身仍旧是头脑的活动，自律仍是头脑的产物，而被训导、控制、抑制的头脑，抵抗、解释的头脑是不会了解爱的。你可能会读到、听到人们关于爱的谈论，但是那些根本不是爱。只有当你抛开思绪的冗余，只有当你的内心完全没有思绪的影响时，爱才能存在。到那时，你将明白什么是没有间隔、没有距离、没有时间、没有恐惧的爱——这种爱是每个人都能体验到的。爱不带任何等级观念，爱就是爱。只有当你不爱的时候，才会有多个和一个的区别，才会有所谓的独占性。当你有爱的时候，先生们，是不分"你""我"的，在那种境界里只有无障之焰。

孟买，第五次公开演讲，1950 年 3 月 12 日
《作品集》第六卷（*Collected Works, Vol. VI*），第 133 页

如果没有训导，没有思想，没有强制力，没有任何书籍或老师的指导，心灵能找到爱吗？

在这个扭曲和荒芜的世界，快感和欲望占有主导地位并且抑制了爱的出现。可即便如此，你的日常生活如果没有爱还是没有意义的。而如果没有美，你也不可能拥有爱。美不是什么你能看见的东西，不是一棵美丽的树、美丽的画、漂亮的建筑或者一个美丽的女人。只有当你的内心和思绪理解爱时，才能认识到美的存在。没有爱或者这种美感就不会有美德，你应该很清楚这时不管你做什么，不论是给予穷人食物或是改善整个社会，你都只能造成更大损害，因为没有爱，你的内心和头脑将会只有丑恶与贫乏。但是当爱和美存在时，你做什么都是正确的，都是适宜的。如果你知道如何去爱，你可以做任何想做的事，因为爱可以解决其他的一切问题。

于是我们来到了这个问题：如果没有自律，没有思想，没有强制力，没有任何书籍或老师的指导，心灵能像某人偶遇一场美丽的日落一样遇到爱吗？

在我看来有一样东西是必不可少的，即没有动机的热情，这种热情不能是某种承诺或者依赖的产物，也不是渴望。一个不懂得热情的人永远不会懂得爱，因为爱只有在完全放弃自我的时候才会产生。

一个不断追寻的心灵不是一个充满热情的心灵，唯一能遇到爱的方法就是不主动去寻找它——要在不经意间遇到爱而不是通过任何努力或经验的结果。你会发现这样的爱是脱离时间而存在的，这样的爱既是自我的又是客观的，是关于个人也是关于所有人的。就像一朵飘香的花儿，你可以陶醉在芳香中也可以匆匆走过。这朵花既是为了所有人而存在，也是为了某个停留下来深深呼吸并且满怀喜悦欣赏它的人而存在。不管这个人就在花园里还是在远处，对于花儿来说都一样，因为它充满了芳香，供所有人分享。

爱是崭新、新鲜和充满活力的存在。它没有昨天也没有明天。它凌驾于心念的混乱之上。只有纯真的心灵才能理解爱，而且纯真的心灵可以存活在这个不纯真的世界里。爱被无数人不断寻觅——通过牺牲，通过崇拜，通过关系，通过性，通过每一种快感和痛苦；想要找到这个特别的东西，思想必须能够理解自己并且自然而然地结束。这时候爱就没有任何对立面，也就没有任何冲突。

你也许会问："如果我找到这种爱了，那么我的妻子、孩子，我的家庭怎么办？他们需要安全感。"如果你这样问，那么就说明你从未走出过思想和自我意识的限制。你一旦走出这种限制，就再也不会问这种问题了，因为你将理解什么是爱，爱里面没有思想所以也就没有时间。也许你会觉得这种说法令你非常迷惑，但事实上要超越思想和时间——也就意味着超越悲伤——其实就是要意识到还有一个被称为爱的不同维度存在。

可是你不知道该如何到达这个非同寻常的源头，你该怎么做呢？如果你不知道该做什么，你就该什么都不做，对吧？任何事情都不做。这个时候，你的内心是完全寂静的。你明白这意味着什么吗？这意味着你不再寻找了，不再需要了，也不再追求了，这时不存在任何中心，接着爱就会出现。

《从已知中解脱》（*Freedom from the Known*），第 86—87 页

有没有一种通往事实的途径是没有丝毫动机的呢？

让我们来看看什么是明智的关系——不是带有意象的思想所创造的关系。我们的大脑是机械的，它们不停重复且从不自由，挣扎在不变的范围内，也就是被困在选择之中；我们认为选择就是自由，其实两者不过是同一种东西。人类的大脑经过数千年的进化，在传统、教育、顺从和调整中变得机械化。也许一个人的大脑中还有一部分是自由的，但人们往往意识不到，所以也就不再坚持，不会再说"我要记住，我还有自由的一部分"，说这些是没有意义的。事实已经存在，我们的大脑已经变得机械、传统、重复、圆滑，也拥有了自我辨别和调整的能力。只不过这些都发生在一个限制的范围内且都是片面的。思想在大脑的细胞结构中有其自己的领地。

大脑已经变得机械化，这能从一些话中得证，比如我说"我是个基督徒"或者"我不是基督徒，我是个印度教徒；我相信；我有信仰；我没有信仰"——这些都是机械、重复的过程，也可以叫作对一种反应的另一种反应，等等。人的大脑在条件思维的影响下，有它自己模拟的、机械化的智能，就像一台电脑一样。我们就用这个词——机械智能。（为了研究如何使一台电脑像人类的大脑那样工作，人们已经投入了数十亿美元。）思想是由记忆和知识而生，它存于大脑中，也是机械的。纵使它有发明的能力，也一样是机械的，因为发明力和创造力完全是两码事。思想在试图找寻一种不一样的生活方式，或者不一样的社会秩序。但任何思想衍生出的社会秩序都仍处于混乱的范畴之内。我们会问：有没有一种不需要原因的智能可以在我们的关系中起作用呢？当然，不是我们现在处于的这种机械的关系中。

我们的关系是机械的。你有某些生理上的冲动，于是你就去满足这些冲动。你可能需要某种安慰，某种陪伴，因为你孤独或者沮丧；通过其他人的扶持，也许这种沮丧会消失。但是人与人之间的关系不管亲密与否，总会有一个诱因，一个动机，一个人们建立关系的平台——这是机械的。这种情况已经持续数千年，男人和女人之间似乎永远都有冲突，有持续的斗争，两个人都在不停追逐自己的路线，永远不会交汇，就像两条平行的铁轨。这种关系一直处于限制之中，因为它是由本身就受限的思维活动产生的。

任何有限制的地方都会有冲突。任何一种联合——不管是你属于这个集体还是他属于另一个集体——都会有孤独存在，有孤立产生，而任何有孤立的地方就会有冲突。这是一个规律，显然不是我创造的。思想总是处于限制中所以孤立了自己。因此在关系中，任何有思想存在的地方都有冲突。我们要看到这种现实。看到这种事实的存在，不仅仅是一种概念，而是出现在人们日常生活中的现象——离婚、争吵、嫉恨对方、妒忌；你们知道经历这些有多苦恼。你妻子想要伤害你，她嫉妒你，你也妒忌——这些都是机械化的反应而已，是关系之中思想的重复活动，不停地带来冲突。这些都是事实。

那么你该如何面对这个事实呢？举个例子：你的妻子和你争吵。她恨你，当然你对此会产生机械化的反应，你也恨她。你发现这些都是大脑里贮存的对一些事情的回忆，一天一天持续着。你的整个思想都是孤立的过程——她也一样。你们两个都没有发现孤立的真相。现在，你该怎么样看待这种事实呢？你该怎么处理这个事实？你的反应是什么？你是否会通过某种动机、某种起因来面对这个事实？小心，即使你也恨她，不喜欢她，不想和她在一起，也别只说一句"我妻子恨我"然后就开始闷闷不乐了，因为你们两个都是孤立的。你因为某样东西而野心勃勃，她可能为了另一样东西而追逐不舍。所以你们的关系在孤立之中进行。你是否要利用动机，在一个基础上通过推论来接近事实呢？还是你没有动机、没有起因地接近事实？

当你通过某种起因来看事实时，又会发生什么？好好观察，千万别随便得出什么结论，观察存于你内心里的事实。你之前已经试过机械地通过动机，通过某种起因和某种基础来解答这个问题了。而现在你会发现这些尝试有多愚蠢，因为它们都是思想的结果。

那么到底有没有一种通往事实的途径是没有丝毫动机的呢？也就是说你没有动机，但可能她有动机。那么如果你没有动机，你是怎么看待事实的呢？事实和你没有区别：你就是事实。你是野心，你是怨恨，你依靠某人——这就是你。有种对事实的观察——也就是对你自己的观察——是没有任何理由和动机的。这有没有可能实现？如果你不这样观察，你将永远生活在冲突之中。你可能会说冲突就是生活。如果你接受它作为你的生活方式，它就将是你的快感来源，你将为此不断劳碌。你的大脑、传统和习惯告诉你这些是不可避免的。但当你发现这种容忍的荒谬时，你就会意识到所有这些艰辛都是自己带来的。你就是自己的敌人，而不是她。你已经找到敌人，并且发现敌人就是自己。

　　那么，你能够观察到所有这些"本我"的活动吗——你本身，还有你对于自我分隔这种传统的接受？在当你检视人类自我意识领域时会发现这些都很愚蠢。你已经理解智性为何物。我们说智性是没有起因的，就像爱不需要起因一样。如果爱有起因的话，显然它就不是爱了。如果你很聪明，政府都愿意雇佣你；或者你因为跟随我的思路而变得聪明，其实这都不叫智慧，只不过是一种能力而已。智慧是不需要理由的。所以，你要注意自己是否是基于某个理由地看待自己。你是否看到了这个事实——你的思考、工作、感受都在孤立之中，而孤立到最后将必然导致永恒的冲突？这个孤立是你造成的，你就是自己的敌人。当你借助某个动机看待自己的时候，还有"自我"吗？这个"自我"是因果关系，是由时间带来的起因导向结果的过程。当你审视自己时，要不带任何理由地看到这个去陈出新的事实。

瑞士，萨能，1982 年 7 月 15 日

《关注之焰》(The Flame of Attention)，第 98—101 页

第九章

关系意味着无"我"

关系存在于当下。关系只有在一个人完全抛弃自己、抛弃"我"的时候才能存在。只有在无"我"的境地你才能与他人连接，且无任何分隔。

我们应该全面地看待生活，因为任何拆分和分化会颠覆生活中所有的关系。*

我时常会考虑为何我们要去集会聆听他人宣讲，为何我们愿意和别人一起讨论问题，最根本的是：为何我们会遇到难题。世界各地的人们似乎都拥有许多复杂的难题。而我们参加像这样的集会是希望得到某种启发：一种能帮助我们克服困难和生活中复杂问题的模式或者生活态度。而到目前为止，纵使人类已经存在了几百万年，我们仍在努力挣扎，总是在追求快乐、真实或者一个平静的心灵等等这些能让人坦然、快乐、明智地活在这个世上的东西。但奇怪的是，纵观古今，我们似乎从来没有找到过其中任何一种能给予我们完全而长久满足的东西。现在，我们第四次谈到这一点，我又在思考我们聚集在一起互相讨论是为了什么。已经有太多宣传、太多人告诉我们该怎样生活，怎样处事，怎样思考；他们提出许多条理论——政府该怎样做，社会该是什么样；世界各地的神学家创造出些固定的教条，然后围绕这些教条编制奇妙的神话和理论。而我们就被这些没完没了的宣传塑型了，我们的心灵变得僵硬，慢慢失去所有的感觉。

对于我们来说，知性极其重要，而思想也是必要的——是能够有逻辑、明智、聪敏运转的思想。但我怀疑思想能在关系中占有一席之地吗？

这正是我们今晚要一起讨论的话题。我们说过要提出基础性、根本性问题。前面三次我们聚在这里一起面对了人人都想要找到答案的重大问题：在充满混乱的无尽痛苦中（虽偶有快乐飘过），人与人之间的关系到底是什么？如果关系确实存在，那么人们与那包罗万象的现实之间有怎样的关系？我们已探寻了这些问题。

也许今晚我们可以放下知性，从事实出发，用我们的心灵、我们的头脑、我们的全部，全神贯注地面对这个人与人关系的问题，不仅仅是人与人的关系，还有人与自然、与宇宙、与世间万物的关系。但正如我们所看到的，社会不断把我们变得更加机械、肤浅、无情、冷漠，我们也在这样改变自己：现在远东虽还有残杀，可我们这里却较为安定。我们的社会变得繁荣，但这种繁荣正在毁灭我们自己，因为我们正变得越来越冷漠、懒惰，更加机械和肤浅；我们正在失去与他人、与世间万物的关系。我觉得现在重要的是问这样一个问题：什么是关系，关系是否真的存在，在这种关系中，爱、思想和快感的位置何在？

我说过我们要考虑这个问题，但不是从知性的角度出发，因为那样是把问题碎化了。我们把生活分成了知性和情感。我们把自己分门别类：科学家、画家、作家、教士或是就像你我一样的外行！我们被分裂成不同国籍、阶级和区域并且这种区别变得越来越深，越来越广。让我们来考虑一下关系这个极其重要的问题，因为生存就意味着关联。我们考虑这个问题的同时也将会探寻生存的意义。

我们的生活需要与他人有深切关系，不管作为妻子、丈夫、孩子、家庭、集体还是任何其他单位，这种生活是什么？考虑这个问题时我们不可能把它分割开来，因为若是我们单独拿出整体存在中的一段或者一部分来尝试解决它，我们不可能找到任何出路。但如果我们能从整体上应对这个关系的问题而不是分割来看，也许我们就可以获得顿悟和不同的生活方式。这意味着我们不能把问题分为个人与集体的，或是个人与集体对立的、个人与社会的或者个人与宗教的，因为这些都是支离破碎的，是不完整的。我们总是站在这个冰山一角就试图解决所有生存的问题。

那么至少在今晚——我希望还包括我们的余生——我们能否试着不片面地看待生活，不只是以一个天主教徒、清教徒、修禅者或是某位上师、大师追随者的身份，因为这些都幼稚得令人觉得荒唐。我们面对一个巨大的难题：即理解存在的本质，理解如何生活。正如我们所说，活着本身就意味着关系，没有关系的生活是不存在的。我们大多数都没有达到更深层次的关联，所以我们试图从国家、某种体制或哲学思想、某个教义或信条中找寻自我。整个世界都是如此：人们试着从家庭或自身等等存在当中找寻自我。然而我并不明白"从自身中找寻自我"究竟是什么意思。

这种破碎而分化的存在会不可避免地导致各种形式的暴行。所以如果我们可以关注"关系"这个问题，也许我们就可以消除社会的不平等、不公正、不道德以及人类所培育出的可怕的尊崇——要受到尊敬意味着要合乎道德，但对道德的评价本身就建立在不道德的基础上。

关系意味着与自然、与他人保持深厚的连接。*

关系是否真的存在呢？关系意味着与自然、与其他人保持本质上深远的联系和接触。这种连接并不是血缘或家庭的，也不是丈夫与妻子那样，因为这些并不能被称作关系。为了找到这个问题的本质，我们必须要看清一个事实：那就是有一整套机制创造了形象、拼凑了形象，进而创造出人们赖以生存的概念和象征。我们很多人都会在脑海中产生关于自我的形象：我们是谁，该成为什么样的人等等自己和他人的形象，这些形象存在于关系之中。你头脑里产生关于演讲者的形象，但因为他不认识你，所以他没有你的形象。但如果你和某人很亲密，你就已经构建了关于那个人的形象，因为亲密本身就代表你怀有对某人的一种形象——就像妻子存有她丈夫的形象而她丈夫反过来也存有她的形象一样。除此以外，我们还存有对社会的形象，对上帝的形象，对真理、对一切事物的形象。

这些形象是如何产生的呢？如果它们存在——事实上形象存于每个人脑中，那么怎么会有真正的关系？关系意味着与其他人有深切、深刻的连接。人们可以由于这种深切的关系相互合作，一起工作，一起做事，但如果存有形象——比如说你我彼此之间互存形象，那么只有想法、象征或某段记忆构成的关系才能存在，而这些关系也已经变为形象了。这些形象之间有没有关系？难道这就是关系的本质？当关系仅仅存在于概念或者想象中而不是事实存在时，"爱"这个词所代表的真正含义还会存在吗？不是牧师口中的爱，不是神学家口中的爱，也不是共产主义者或是某个人口中的爱，我们说的是爱这种真实的感觉。人与人之间的关系只有在我们接受事实时才能存在，而不是在幻想着应该怎样的时候存在。我们一直都生活在充满公式和概念等等这些思想的形象世界中。思想和理性能带来恰当的关系吗？心智和大脑呢？这个在数百万年进化中建立了无数自我保护机制的头脑，这个完全由记忆和思想反应构成的头脑能带来人与人之间恰当的关系吗？形象和思想在关系之中有何地位？还是说根本没有它们的位置？

我很好奇：当你看着那些栗子树上的花朵如点缀在蓝天中的白色蜡烛，你是否会思考这些关于自我的问题：在你和那个景象之间有着什么样的关系？你实际拥有哪些关系——不是情感或情绪上的？你和这些东西的关系到底是什么？如果你失去了与大自然中这些事物之间的关系，你又怎么可能与他人相关联？当我们的生活更加城市化，我们与自然的关联也越来越少。也许某个周日你会出去走走，看着一棵树感叹"好美啊"，但接下来你又会回到程序化的生活中，住在一个个被称为房子或公寓的抽屉里。你能感觉到自己与大自然的关系正从指尖溜走：当你花了一整个上午的时间在博物馆看一幅图画和它的简介，这表明你已经完全失去了与大自然的接触和关系。对于你，图画、音乐会、雕像等等变得日益重要，你已不再抬头去看树，看鸟，看云光缭绕的美丽景色。

那么到底什么是关系？我们与他人之间真的有关系吗？我们自我闭塞，自我保护，所以我们所有的关系都仅仅是肤浅、感官和以快感为目的的吗？因为不管怎么样，如果我们平静而又深刻地审视自己，真正看到自我的本质，而不是站在弗洛伊德、荣格或其他什么专家的角度观察，也许这样便能够认识到我们每天是怎么孤立自己，怎么在自己周围建造出一堵抗拒和恐惧之墙。从自己的角度审视自我比引用专家的角度审视自我更重要，也更具基础。

如果你引用荣格、弗洛伊德、佛陀或者其他某个人的观点审视自己，你是在通过其他人的眼睛来看自我。其实你们一直在这样做。我们没有属于自己的观看这个世界的眼光，所以我们看不到美。

所以当你直视自己的时候，难道没有发现你每天的活动——你的思想，你的野心，你的需求，你的激进，你那无休无止想要爱和被爱的渴望，源自恐惧的无尽痛苦，还有面对孤立的挣扎——都会带来非常严重的界分和根本上的孤立吗？当这种深幽的孤立出现，你还如何拥有与别人的关系？特别是当这个人也在通过他的野心，对物质的贪婪、支配欲，财产、权利以及其他所有因素使自己变得孤立的时候。这样看来，等于是有两个被称为人类的实体活在他们自己的孤立环境中繁衍下一代或做其他事情，因此也都是孤立的。所以这两个分隔实体之间的合作变得机械，仅仅是因为他们必须有一定的合作才能生存下去，维持一个家庭或去办公室或工厂等地方工作，他们从头到尾都是被分隔开来的两个实体，彼此都拥有不同的信仰和教义、不同的国籍等等。这些你也知道，就是人为地把自己与其他人分开而设在自己周围的层层屏障。所以，本质上是孤立阻碍了关系的产生。而在这种孤立的所谓的关系之中，快感变得最为重要。

念想带来痛苦和快感，进而在人与人之间产生界分。*

在这个世界，你能够看到快感是如何变得越来越苛求，越来越不懈，因为如果你看得够仔细的话，所有的快感都是由孤立产生的，而人们不得不处在关系这个大环境下思考关于快感的问题。快感是由念想产生，对吧？快感存于你们生活中某件昨天所经历的事情当中：也许是美好的视觉享受，也许是性的感官刺激。之后你不停地回想，进而把这些昨日的快感变为形象。就这样，念想维持着、滋养着"愉快的昨天"，又进一步要求今天能继续这种快感。你越去回忆自己当时的经历，从中获得片刻的愉悦，念想就越能使它以快感和欲望的形式持续下去。这和人类生存的基本问题有什么关系呢？要知道人类生存意味着彼此相关联。如果我们的关系来自性快感、有家的快感、拥有和支配感、控制感，或来自失去保护的恐惧，由缺少内在安全感所带来的对快感的追求——那快感在关系中有怎样的位置？对快感的渴求确实会颠覆所有的关系，不管是性快感还是任何其他快感。如果我们仔细观察，就能发现：我们所谓的道德价值都建立在快感之上，把快感用所谓正义的道德观掩盖，作为我们高尚社会的一部分。

所以，当我们质问自己或深入审视自己的时候，我们便能看到这种自我孤立的行为：那就是"我""自我"和"本我"不停在周围建造阻碍，这种阻碍就是"我"的体现。对思考者和思想的片面认识就是孤立，也是片面性的来源。当快感不过是由陈旧而被束缚的思想维持、滋养着的回忆，当思想本身就为了快感而存在，那么快感和思想还属于关系的范畴吗？你一定要问自己这个问题，不能只是听我说，因为我第二天就要离开，而你要继续自己的生活。所以演讲者根本不重要，重要的是你要扪心自问。不过，想要探寻这些问题你必须要非常认真，而且要完全投入到寻找的过程中，因为只有当你认真之时才算是在生活，只有当你从根本上深刻而又诚挚之时，生命的意义和美丽才会展现在你面前。你一定要问这样一个问题：自己难道不是生活在一个形象、一个公式、一个孤立的片段之中？难道不是思想带来痛苦和快感的恐惧，进而意识到这种孤立？这种形象接下来会试图从某些永恒的事物中找寻自我，比如上帝、真理、国家、国旗等等。

关系只有在一个人完全抛弃自己、抛弃"我"的时候才能存在。*

思想永远陈旧，因此从不自由，既然是陈旧的，思想又怎么理解关系？关系存在于当下，随时间前进；关系不是存在于死寂的回忆中，更不只是快感和痛苦的纪念品。关系就是主动的现在，相互关联也同样如此。当你注视某人眼中丰富的情感和爱意这一刻，关系就建立了。如果你能用一双清新的眼睛去看云朵，就会拥有深切的关系。但如果思想被牵涉进来，关系就是形象的产物了。这样有人就会问了：爱是什么？爱是快感吗？或者是欲望？也许你会积累起关于你妻子，你丈夫，你的邻居、社会，你的上帝的记忆，但这些能被称为爱吗？

如果就像大多数人那样，爱是思想的产物，那么这种爱就是被围圈起来的，且被困在嫉妒、羡慕、支配欲、拥有和被拥有、渴望爱与被爱的感觉所编制的网中。这时，独爱和博爱能共存吗？如果我爱上一个，是否就要抛弃对另一个的爱？既然对于我们中的大多数人来说，爱就是快感、陪伴、抚慰、分隔还有在一个家庭中受保护的感觉，这还算是真正的爱吗？一个被家庭束缚的人能够爱他的邻居吗？也许你会从理论上谈论爱，去教堂崇爱上帝，也不管这样的行为到底意义何在，然后第二天你会回到办公室向你的邻居使坏，因为你们在竞争，你想要得到他的工作、收入，你想要比他更加优秀。当这种念头在你心里不分昼夜地跳动，就连你睡觉做梦时也是如此，你们怎么可能相互连接？还是说关系与前面所说的完全不同？

关系只有在一个人完全抛弃自己、抛弃"我"的时候才能存在。只有在无"我"的境地你才能与他人连接，且无任何分隔。也许你们还未感受到过——不是知性上，而是真实感受到"我"的完全否定和停滞。也许这就是我们许多人都在追求的东西，或是通过性，或是通过某种比自己强大的存在给自己定位。但话说回来，这种定位本身就是思想的产物，而思想是陈旧的——像"我""本我"和"自我"一样，它描述的是昨天，所以永远是陈旧的。这就带来一个问题：怎么样完全摆脱这种以"本我"为中心的孤立过程呢？到底该怎么做？你明白这个问题吗？如果我每天的活动都产生于恐惧、忧虑、绝望、悲伤、迷惑和希望之中，而"自我"又通过在自己的神明、约束、社会和道德行为以及政府中的自我定位把自己与别人区分开来，这种自我意识要如何才会消除，好让人们能够彼此相连？我们之所以问这个问题，是因为假如我们不连接，彼此之间就会处于纷争之中。也许我们不会厮杀，那太危险了（但在某些遥远的国家可不一定）。我们该怎样生活才能没有分裂，才能真正合作?

　　这个世界上有很多事要做：要消除贫困，要幸福、愉快地生活而不是活在苦恼和恐惧之中，要建设不一样的社会，要创造超越一切现有准则的道德观。但这只有在现有社会所有道德观都被颠覆的情况下才能建立。我们有许多事情要做，可是如果分隔一直存在，我们不可能做成任何事。我们常提到"本我""我的"，还有"别人"——"别人"在墙的另一边，而"本我"和"我的"在墙的这一边。这样的话，实质为抗拒的"本我"要怎样才能完全消失呢？这其实是所有关系中最为核心的问题，人们会意识到怀有形象的"关系"根本不能算是关系，这种"关系"存在时一定会带来冲突，我们对彼此将有如鲠在喉的感觉。

　　如果你切身考虑过这个问题，你肯定会说："难道我要与世隔绝，活在空白的状态之中？"我很怀疑你们有没有体会过完全空白的念想。你们活在由"本我"所创造的狭小空间里。这个空间里"我"——也就是自我孤立作用——已经在人与人之间形成；这个空间位于"我"与边界之间，也就是位于思想所创造的边沿——这是我们所知的全部空间。我们就在这个界分的空间里生活。也许你会说："如果我放开自己，或者放弃'本我'的中心，我会活在真空之中。"但你真的曾经抛开过"本我"吗？完全地，到了根本没有"本我"的地步？你尝过活在那种世界里的滋味吗？或者怀着这种精神状态去过办公室，或者这样和你妻子、丈夫一起生活过？如果你真的尝试过这种生活，你会了解当"本我"不存在时关系为何状态，它不是乌托邦式的理想，也不是梦境，更不是什么神秘荒谬的体验，而是一种可以真正达到的境界——所有人都彼此连接。

　　不过这种境界只有当我们真正理解爱的时候才能达到。想要达到、想要活在这种境界里，一个人必须能理解思想带来的快感以及它所有机制的运作过程。这样，你一眼便会看清楚你为自己在周围创造的复杂机制，而根本不必一步步分析。所有的分析都是支离破碎的，所以这条路只能是死胡同，你在其中找不到答案。

我们面对着一个关于"存在"的巨大而又复杂的难题，还有它包含的恐惧、忧虑、希望、快乐和一闪而过的幸福，不过一步步分析是不可能解决这个难题的。唯一的办法就是迅敏地、整体地捕捉它。你应该明白，只有在"看"的状态下才能了解某物——不是训练出来的那种反复的观察，比如艺术家、科学家或一个练习过用特定视角去"看"周围事物的人的那种观察方式，而是指当你全神贯注地注视时，你便能一眼看透事物的全部。然后你会发现自己已经跳出了自我，跳出了时间。时间停滞，悲伤也便停止。一个处于悲伤或恐惧之中的人是无法和他人连接的。一个不停追逐权力的人怎么可能拥有关系呢？他也许会有家庭，和妻子睡在一起，但他并不处于联系之中。一个不断与别人竞争的人不会拥有丝毫的关系。而我们所有不道德的社会结构都建立在这个基础上。要从基础和本质上相连接，就要把孕育分隔与悲伤的"本我"完全终结。

巴黎，1968 年 4 月 25 日

《欧洲的演讲，1968》（*Talks in Europe 1968*），第 78—88 页